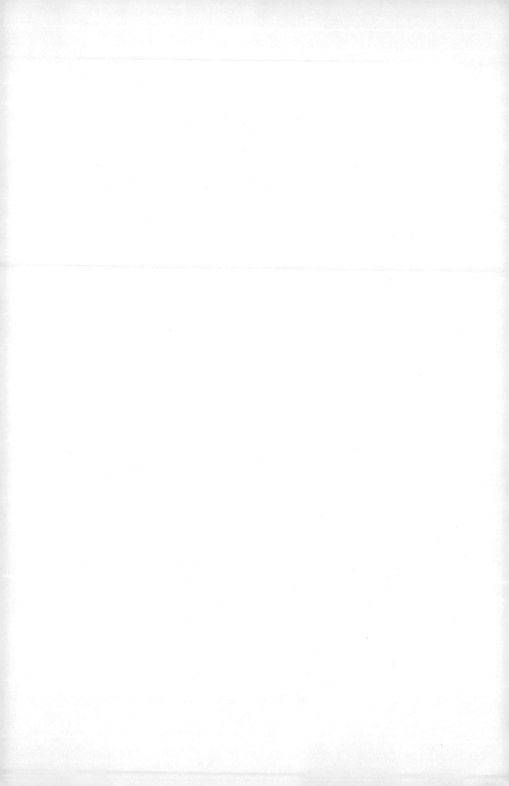

教養NG口頭禪！

爸媽需要重新學習一堂「說話課」

這些話爸媽不該說

兒童職能治療師
米加老師(黃名璽)/著

爸媽需要重新學習一堂「說話課」

「小孩子不要意見那麼多！」、「你年紀還小，不要學大人的樣子！」、「看起來你的確沒有這方面的天份。」、「我不是早就告訴過你了嗎？」身為家長的你，是否覺得這些句子聽起來都相當耳熟呢？如此經典的台詞，也曾經從你嘴巴脫口而出嗎？

在孩子的成長過程中，無論是不受控制、調皮搗蛋，還是犯了錯惹長輩生氣，爸爸媽媽一時心急，就很容易口氣欠佳，直接吐出這些話來，大多數家長都沒有意識到，聽起來合情合理的表達陳述，無形中已經帶給小孩傷害，在日常生活中累積不良影響。

某些「低EQ」的家長，甚至慣用咒罵、挖苦、諷刺……的惡劣台詞去糾正孩子，身處在如此帶毒、帶刺的成長環境中，自信心不斷受到創傷，情緒經常被壓抑著，其實小孩很容易產生偏激的性情，未來的品格發展、人際關係亦會處處面臨障礙，甚至有朝一日出現在社會頭條新聞裡，讓家庭破碎、終身遺憾。

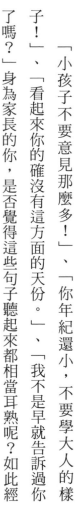

千萬別以為這些都是危言聳聽！各界教育專家、心理學者老早就提出證明，「言語的威力」不容小覷。爸媽對孩子說的話，更具有一種獨特魔力，看似輕如鴻毛的某些教育處方，卻能夠在孩子的人生中，埋下重如泰山的恆遠變化。

魔鬼藏在細節裡，它可以成就一個小孩，也可以毀掉一個小孩，因此，作為孩子最親密的教養者，父母怎麼還敢不善加留意自己的言行？

日新月異的外在環境、汲汲營營的生活壓力，讓完美經營親子關係成為一項極為艱難的挑戰，別說是滿分了，許多小爸媽懵懵懂懂，連及格邊緣都未必沾得上。

當然，愛孩子的父母們，都希望孩子快樂地成長，若知道自己一言一行造成無意的傷害，導致孩子未來路上絆腳石遍佈，想必也會深深地感到愧疚，然而，究竟該如何避免親子關係中的「禍從口出」呢？

父母本就是一生的學習課程，怕的不是犯錯，而是不懂得涉略前人經驗、聽取專家建議，進行教養風格的修正，錯了卻不自知，才會越錯越離譜。話語，是人們核心觀念的延伸，我們說出來的話，代表我們心中所想，想要終結「錯誤的教養對話」，成為好爸媽，首先必須根治「錯誤的教養觀念」。

本書列出了「冷淡」、「放任」、「苛求」、「控制欲」、「情緒化」、「比較心

態」、「價值偏差」……等現代爸媽最容易犯下的「教養迷思」，透過情境式「小故事」示範，給讀者最強烈的正確、錯誤比對，並且一語道破親子對話背後待修正的「NG教養思維」，提醒家長們，就是那些錯誤觀念、錯誤語言，造成親子關係的傷痕或疏離，最後也提供求好心切的爸媽們一系列「黃金教養模範句」，讓家長能夠在不荼毒孩子的情況下，也能做到盡責的品格教育。

一種意思可以有兩種表達、一句話可以有兩種說法，爸媽的溫柔鼓勵，能塑造孩子健康的自我認知；爸媽的包容認可，會激發出孩子更多的潛在才能；爸媽的正面話語，會夾帶著舒服的能量，進入孩子的意識、潛意識中，引導他們朝向好的方向發展。

願為人父母者細細品讀此書，與其說與孩子相處是一門學問，不如說它屬於生活的真實體現；教育孩子的當下，別忘記也虛心接受教育，逐步矯正自己，同時更掌握親子溝通的訣竅，消弭巨大代溝，享受美好的親子關係，賜予孩子健全的成長之路，孵育出優秀的下一代棟樑！

Contents

【序】爸媽需要重新學習一堂「說話課」

第一章

錢買不到親情！陪伴溫度才是無價珍寶

第二章

冷漠是把利刃！實質互動拉近親子距離

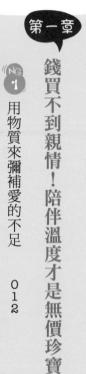

目錄

第三章

溺愛帶來傷害！鐵的紀律望子成龍的心

第四章

高標準太嚴苛！理解寬容是挫折鎮定劑

第五章

控制狂真要命！給予空間孩子展翅高飛

第六章

人比人逼死人！認同鼓勵催化學習動機

第七章

情緒失控炸彈！溫柔化解家庭中的衝突

錢買不到親情！
陪伴溫度才是無價珍寶

第一章

抽不出空暇時間來陪伴子女，多塞一些零用錢當成補償？
林林總總的親子教養困擾，掏出鈔票、銅板就通通搞定了？
孩子們的成長歷程只有一次，稍縱即逝，擲千金也難以喚回！

NG 1 用物質來彌補愛的不足

樂樂：「嗚嗚，媽咪抱我。」

媽媽：「還哭？不是都說要買禮物給妳了嗎？」

錯誤示範小故事

國小二年級的樂樂，今天一大早，又賴在家門前的地上哇哇哭了，任憑大人們如何詢問她，她都只顧著哭泣，卻無法說清楚為何要哭。

「樂樂，停下來，不要再哭了。」正急著週六出門到公司加班的媽媽，不耐煩地說：「昨晚不是才買了扮家家酒給妳嗎？快點自個兒去玩啊。」

「嗚……嗚……」樂樂仍在抽抽答答。

「妳長大了，不可以這麼耍賴。爸爸這一次出差好多天，媽咪的手邊也有好多的工作要忙。我今天回來路上，再順道買妳喜歡的那個金頭髮洋娃娃給妳好嗎？」拎起裝滿資料的公事包，媽媽匆匆忙忙地往門口走去。

樂樂聽見，一點兒也不感興趣，搖了搖頭，眨著兩眼泛淚的大眼睛，搖搖晃晃向媽咪走過去，一邊伸出手說：「媽咪抱我……」

「妳別再盧小小了！媽咪不是都說要買禮物給妳了嗎？」急著出門的媽媽沒看到伸出的手，繞過樂樂，從牆上拿了車鑰匙，就頭也不回的關上門出發了。

樂樂獨自衝到門邊，看著那漸漸駛遠的車子，又一屁股坐在地上，頭埋在膝蓋間，再次嚎啕大哭了起來，一旁照顧她多年的保姆，站在一旁不知道如何處理。

教育一點訣

在雙薪家庭裡，爸爸媽媽因為社會競爭激烈，不能輸人輸陣，身處希望能職務高升、賺更多錢的公司氛圍中，平時的工作時數，大半是朝九晚五，有的人朝五晚九，甚至是晚十二，都是見怪不怪的事情。

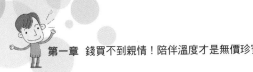

孩子說不出口的希望

樂樂已經上國小二年級了，還需要請一個照顧她的保姆陪伴在側，從這點就不難看出，爸爸媽媽平時都太忙於工作，幾乎沒人有空在家陪伴她，我們可以猜想，平日都是專職保姆代替母親的角色，提醒樂樂寫作業、協助樂樂洗澡、準備樂樂隔天要帶的餐點……等等。

也許她從小就過著由保姆一手帶大的生活，只是當時年紀還太小，不懂得很多事，整天只是吃飯、玩耍、睡覺，就這樣從襁褓到現在。但是隨著逐漸長大，國小二年級的樂樂已有了自我意識，也慢慢了解到愛與被愛的感受。即使有二十四小時的保姆，但樂樂還是積極盼望父母的關愛，因為「親情」血濃於水，是任何其他人無法取代的。

要「禮物」還是爸媽？

案例中的樂樂，因為得不到媽咪的陪伴，無法準確表達自己的意思，只能委屈的大哭起來。媽咪雖然看到樂樂哭了，卻沒有上前抱抱她、哄哄她，認為「事後再買個禮物給她就會沒事了」。可是，樂樂要的是「洋娃娃」還是「媽咪」呢？一直忙碌於工作的爸媽應該反思一下，好好想想孩子心中最想要的是什麼。

根據青少年心理狀況統計，家長每日陪伴不到一小時的國中生，

> 「金錢，可以是許多東西的外殼，卻並不是裡面的果實。」
>
> 挪威　亨利克・易卜生

73％覺得父母並不懂自己，然而當陪伴時間拉長為1～3小時，比率則驟降至12％。此數據便證明了，在現今物質不虞匱乏的年代，孩子們要的不是山珍海味，也不是名貴服裝，物質也許會帶來短暫快樂，但孩子更不可缺的是與爸媽的親密關係。

慷慨給予孩子需要的愛

面對案例中這種情況，媽媽應該先設法止住孩子大哭狀態，放下手中所有出門的動作，多花個十分鐘，誘導孩子說出為什麼哭，再輕聲細語，用孩子懂得的話語告訴她，爸媽會多找時間陪陪她，讓孩子感受到愛，而非事後冰冷禮物的搪塞與打發。

要知道，每個孩子的成長只有一次，任何分分秒秒的感受，在下一刻來臨前都會成為過去。爸爸媽媽雖然是為了讓孩子日後生活過得好而打拚著，但孩子極需要的養分——愛，卻不是「事後彌補」就可以補得完整無缺。被愛的孩子才懂得如何去愛人，一個從小不缺乏愛的孩子，人格成長上才能完整無缺陷。

孩子雖然也有自己必須操心的課業，但是待在家裡的時段，多少都渴望能向終日忙碌的爸媽撒撒嬌、談談心。所以爸媽別吝於陪伴，這也是家庭經營中很重要的一塊。誠心提醒身為家長的您，多騰出一些時間關懷孩子，勿忽略他成長路上「愛的灌溉」。

正確翻轉小故事

國小二年級的樂樂，今天一大早，又賴在家門前的地上哇哇哭了，任憑大人們如何詢問她，她都只顧著哭泣，卻無法說清楚為何要哭。

「樂樂，停下來，別再哭了。」媽媽溫柔地勸說，同時停下了正在穿外出鞋的動作，向樂樂走過去，說：「為什麼哭呢？告訴媽咪。」

「嗚……嗚……」樂樂仍在抽抽答答，眨著兩眼泛淚的大眼睛，向媽咪伸出手說：「媽咪抱我好不好……」

媽媽抱起樂樂，接過保姆遞來的面紙，幫樂樂擦著仍不停流下的淚水，親了親她的面頰，輕聲說：「樂樂是不是希望媽咪今天留在家裡陪妳呢？媽

專家Point！

- 爸爸和媽媽的陪伴是無價的。
- 再多的金錢也買不到親情。
- 父母的角色在世界上獨一無二。
- 錯過孩子的成長是種遺憾。

咪都知道唷，可是我已經答應公司要去加班了，讓樂樂失望了，媽咪很抱歉！」

「嗚……」被猜中心事的樂樂，眼眶再度紅了起來。

媽媽拍著女兒的背，繼續安撫：「其實媽咪也想多多陪伴樂樂的，媽咪答應妳，明天是星期日，我們一起去戶外野餐好嗎？媽媽會準備妳最愛的三明治！」

樂樂抬起頭來，眨著發光的圓眼珠，問：「真的嗎？」

媽媽說：「當然是真的！說話不算話的是小豬。媽咪跟妳打勾勾哦！」

和媽媽打完勾勾後，樂樂終於破涕為笑，立刻抱緊媽媽，緊緊地依偎著。

「那麼，今天媽咪在趕工作的時候，樂樂要照顧好自己，聽保姆的話，回來再跟媽咪分享一下，妳今天做了哪些事情，好不好呢？」媽媽問。

「好，我可以在家玩扮家家酒，或者是去朋友家玩扮家家酒，回來我再告訴媽咪，我今天都在玩什麼。」樂樂回答。

「寶貝，再見，媽咪最愛妳了！」出門前媽媽不忘再對樂樂愛的喊話。

「媽咪，路上小心，我也最愛妳了！」貼心的樂樂回應著媽媽，壞心情早已經煙消雲散，滿心期待著明日的野餐，終於可以和媽媽待在一塊了呢！

好好說進寶貝心坎裡的話	孩子最討厭聽爸媽說的話
「爸爸會再找時間好好陪寶貝的。」	「爸爸再買玩具補償寶貝唷。」
「乖乖聽話，我們一起出去玩。」	「不是給你禮物了，怎麼還不聽話？」
「等媽媽忙完，會好好陪伴妳。」	「媽媽很忙，買洋娃娃陪妳哦！」
「抱歉，媽媽忙，媽媽很愛你的！」	「有保姆阿姨陪你，你要乖乖的！」

NG 2 花錢解決孩子的任何問題

導師：「小洋爸爸，班上發生了偷竊事件。」

爸爸：「不管是誰做的，再買一支不就好了！」

錯誤示範小故事

在安靜的教師辦公室中，突然傳來一聲大吼。

「不過就是小孩一支手機掉了，有什麼好大驚小怪的？還專程把我叫來學校，這實在是太莫名其妙了吧！手機是什麼廠牌的？到底有多麼貴重？我再買一支還你兒子不就得了。」小洋的爸爸一臉滿不在乎，趾高氣昂地說著。

「小洋爸爸，其實手機不見，我們也還不敢肯定是小洋偷的。今天請家長過來，只是想多多了解情況……」班導師寶妮努力地解釋著。

「唉，你不用說那麼多廢話，我的時間有限。」小洋爸爸打斷班導師的話。

「……」面對家長的橫行霸道，寶妮老師一時間語塞了起來。

「無論是或不是小洋偷的，有什麼差別嗎？手機就是弄丟了嘛，反正我們家有的是錢，再買一支還他就好，還有什麼問題嗎？不要再找我兒子麻煩，讓這件事就這麼落幕即可。」小洋爸爸態度強勢地下了結論。

「重點不是錢！先生你話不能這麼說。」對方家長大聲回應道。

「對啊，我們學校是希望教導學生們正確觀念，而不是像這樣子用金錢來解決問題。」寶妮老師說著說著，似乎都快哭出來了。

三個大人仍在激烈地互相爭論，兩個未成年的少年在一旁安靜的聽，而小洋的臉蛋上，呈現出一片蒼白與漠然的倔強。

教育一點訣

經濟的發展，帶來小康或富裕的生活環境。但是隨著競爭壓力大增、生活節奏加快，被工作緊緊綁死的我們，常常無法停下來，好好看看周圍或身邊的人過得如何。

教養被工作犧牲了嗎？

對親近的人忽略，亦經常出現在教養問題裡。父母平時忙於賺錢，如果被學校老師突然請到學校一趟，在前往的路程中，倘若正為工作忙得不可開交，還要分心處理尚未完成的公務，蠟燭辛苦兩頭燒，無法專注在這類偶發事件上，並不能一心一意擔憂兒女遇到什麼棘手、難以解決的狀況。

所以，故事中的爸爸，剛剛聽到偷竊事件，就希望以最快的「花錢」方式解決問題，只想秒速處理好，儘快回到公司，繼續著手於他被打斷的公務，這樣子的家長，通常有一個概念：「只要是錢能解決的問題，就不是問題。」全然沒有考慮到，錢與教養是兩回事，錢的問題搞定了，那麼教養的問題呢？

花錢真的能解決所有問題？

孩子的問題，豈是「花錢」就都可以解決的！

小洋的同學手機掉了，在雙方爭執是否被偷的懸疑中鬧到教師辦公室，並請雙方的家長到校一起了解情況及處理。沒想到，小洋的爸爸並沒有打算聆聽孩子的敘述及班導的說明，只想「花錢了事」，來草率解決這件懸而未明的「手機偷竊事件」。他沒想到的是，即使他買了一支新手機還給小洋的同學，這件事就算是圓滿落幕了嗎？不可能。這麼做，其實還會造成兩個不良的後果：

• 證實小洋真的偷了同學的手機

小洋真的偷了同學的手機嗎？我們不知道，因為還沒聽到小洋的敘述。但小洋爸爸不分青紅皂白就買新手機賠同學，不僅會讓小洋蒙上「偷竊賊」的疑雲，也會讓真的沒偷竊的他感到說不出的委屈。

• 父子關係更疏離

小洋爸爸粗糙的想花錢解決兒子遇到的難題，不傾聽孩子心底的憂慮與困擾。他以為如此做，至少對方不會再找兒子麻煩，卻忽略了孩子從不肯承認手機是他偷的，到寧願鬧到教官室請爸爸來，也許他有許多前因後果的理由想說，但他沉默了。從他蒼白又漠然的表情看來，也許爸爸的這種處理方式已不是第一次，他的沉默是一種抗議。

扭曲的金錢價值觀

花錢消災，不僅是無法達到教養的目的，甚至還會扭曲孩童對於金錢的價值觀。看著爸媽從荷包中掏出錢來，打發眼前的難題，無形中會給孩子錯誤的概念，包括「遇上任何問題，都用金錢來解決」、「只

「有錢能買到東西固然不錯，
但是別忘記用金錢買不到的東西更珍貴。」

美國　喬治・洛里默

要我有錢，錯的也能變成對的」、「這個世界有錢人說了算」……等等市儈又腐敗的想法，便會在孩子原本純真的腦袋中，投下一顆震撼彈。然而，這真的是父母希望教給孩子的價值觀嗎？

傾聽，是親子關係補帖

小洋的爸爸既然來到學校了，應該別急著下結論，而是先聽聽小洋、同學，當事人雙方的說法，加上班導的補充說明、請家長來的目的，之後再發言。

國中生已是略能判斷是非、好面子的階段。讓孩子陳述其實是好的機會教育，然後再讓大人介入、分析、討論，決定最後的解決方式。不管是不是小洋偷了手機，父母都應以「相信、傾聽」的方式先了解孩子「做了」或「沒做」背後的動機，從中找到會造成此事件的緣由，或許一場誤會、或許是同學之間的過節導致。而願意相信孩子不是故意、沒有做這件事，這對孩子的成長是一個不可或缺的正面力量，為人父母者不可不慎。

正確翻轉小故事

專家Point！

- 教養問題勿透過花錢來處理。
- 花錢了事是給孩子不對的示範。
- 發生爭執事件先聆聽孩子解釋。
- 瞭解孩子比息事寧人更重要。

教師辦公室中，三個大人正針對一件偶發偷竊事件討論著。

「小洋爸爸，事情是這樣子的，兩個孩子吵到我的辦公室來，大雄指責小洋偷了他的手機，由於沒有證據，我們並不肯定是小洋偷的。今天請家長過來，是想讓雙方多多了解情況，若耽誤您的寶貴時間還請您多見諒……」班導師寶妮娓娓道來事件始末。

「好的，我瞭解，老師放心，謝謝您今日請我來，我已經向公司妥善請好假了，會將事情處理好再離開的。」爸爸先感謝過班導之後，轉向小洋，拍拍兒子的肩膀，給他一個鼓勵的眼光，問：「小洋寶貝兒，你可以先訴說一下當時的情況嗎？為什麼同學會懷疑是你偷走手機的呢？」

接收到爸爸信任的眼光，小洋頓時精神一振，立刻把事情經過詳細道來。

雙方家長在聽完孩子各自的陳述後，就問題癥節點進行討論，確定了小洋的不在場證明，掉手機的時間、地點，皆和小洋無重疊處，而小洋會被同學懷疑，是因為前幾天兩人有一點肢體碰撞留下的嫌隙，所以一掉手機，對方就誤懷疑是小洋對他的報復行為，原來整個事件只是誤會一場。

「小洋、小洋爸爸，真是不好意思，一齣鬧劇，影響到你上班時間。」同學的爸爸不斷地鞠躬，向小洋與爸爸道歉。

「沒關係的，爸爸一開始就相信不會是小洋做的呢，所以絲毫沒有感到擔心。那麼，你們既然都已經講開、和好了，小洋是不是幫著你的好同學再找看看呢？互相幫助，也許就找出來了。」爸爸對著年輕人給建議。

「好的，爸爸，我們再回到掉手機地點找一下。您快點回去上班吧！」對於爸爸今日的力挺，小洋覺得好感動，他絕對不會輕易忘懷的。

好好說進寶貝心坎裡的話	孩子最討厭聽爸媽說的話
「好朋友之間都要相親相愛，別破壞他人玩具。」	「弄壞朋友玩具，再花錢買一個還他不就行了！」
「孩子，你有沒有想要解釋的？」	「別責怪孩子，想要多少錢你說？」
「親愛的，真的是你偷的嗎？」	「不管東西是誰偷走的，我們還你一個嘛！」
「寶貝要不要講一下事發經過呢？」	「兒子，你怎麼會做出這種壞事來！」

NG 3 習慣性地開空頭支票給孩子

芊芊：「爸比，你不是答應過我的嗎？」

爸爸：「好嘛、好嘛，如果有下次爸爸一定到！」

錯誤示範小故事

芊芊一早起床後就好興奮，因為今天是她幼稚園的表演，她即將演出《冰雪奇緣》中的艾莎公主，這是她最夢想的角色。更棒的是，平時忙得不見人影的爸爸，昨晚聽說這件事，親親她的臉頰，承諾會和媽媽一起來觀賞她的表演。

到了幼稚園之後，媽媽牽著芊芊的手走下車，芊芊回頭看著仍然坐在車子裡的爸爸，一臉期盼的問道：「爸比，我今天可是主角艾莎公主呢，你絕對會來現場看我表演的吧？你昨晚答應過我了唷！」。

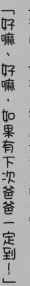

爸爸愣了一下，說：「好啦、好啦！我今天一定會去看妳表演的。」

得到再次承諾之後，芊芊彷彿吃了定心丸，這時候才放下心中的大石頭，開心地走進幼稚園，準備在教室內參加最後的總彩排。

終於到了下午的正式演出，芊芊從後台探出頭來，東張西望，找尋著親愛爸爸的身影，在眾人海裡，卻只看到手握相機的媽媽。

「媽咪，爸比呢？爸比來了嗎？」芊芊偷偷地詢問道。

媽媽露出一抹抱歉的神情，溫柔解釋道：「芊芊，爸比的公司有個臨時的重要會議走不開，但他說下次妳的表演他一定會來的。」

得知被爸爸放鴿子的芊芊，好像被呼了巴掌般，失魂落魄，在台上好幾次差點說錯台詞，表演有驚無險地總算是完美落幕，但是在觀眾的熱情掌聲之中，芊芊的眼淚就這樣無聲無息地掉落下來。

教育一點訣

在日常生活中，家長們都免不了會對孩子許下某些承諾。無論是基於小孩自發性的要求，或者是為使孩子達到父母期望的目標，藉由承諾來調動、激發其積極性。對子女來說，「遵守諾言」就是爸媽愛和關懷的高度表現。

承諾重要嗎？

「承諾」重要嗎？很重要，尤其在親子教養上。

也許你會問：「孩子還那麼小，他們哪會懂得什麼是承諾啊？」的確，孩子年齡還太小，無法完全清楚分辨，大人答應或不答應他的任何事，最終是否都確實做到了。但是，如果父母看準孩子這種懵懵懂懂的心性，遇事給承諾，都是隨隨便便、絲毫不放在心上，次數累積多了，孩子即使再怎麼迷糊，被一次又一次的敷衍對待、一次又一次的拿空頭支票卻無法兌現時，也會漸漸有所感覺的。

一旦讓孩子發覺大人對他的承諾都是漫不經心的，說出來的話只是浮誇卻不兌現的，這樣的次數太多，孩子就會漸漸地誤解：「承諾」原來並非一件重要的東西，它像遊戲、玩具一般，常常可以換來換去。即使沒有實現、受到破壞，也不用太過於傷心，因為它本來就不是一件嚴肅、正經的事。

孩子有一顆易碎的心

以芊芊來說，原本她期待的是爸比承諾說「我一定去看你的表演」。她會那麼期待，也許是以下三個原因：

一、爸爸平時太忙，很少參與她的幼稚園活動。雖然一直有媽媽陪在身邊，但看到其他小朋友都有爸爸出席，讓她一直很羨慕。

二、爸爸這次說了「我一定去」，還承諾了兩次，所以讓她認為這次的承諾應該比之前的更有力，實現的機率更大。

三、芊芊這次特別想讓爸爸到幼稚園，因為她要表演的是艾莎公主，這個好多小女孩心心念念的角色，她希望爸爸看到自己最「風光」的這一面，爸爸的好評價是她極度渴求的，能帶給芊芊快樂。

可是，爸爸還是失約了，沒有來。可想而知，這對一個愛爸爸的孩子是何等的打擊？難怪即使是完成演出的喜悅感，以及再熱烈的觀眾掌聲，都無法阻止芊芊潰堤的淚水。

以後爸爸說過的話，我還應該要再次相信嗎？我對爸爸來說，是否不重要呢？爸爸是不是不夠愛我呢？守信用是不是一件不需要的事呢？那麼，我以後對別人許下承諾，應該也可以不去完成它吧？諸多的疑惑，開始在孩子小小的腦袋瓜裡盤旋，一次信用的幻滅，卻能夠

「信用，它就像是一面鏡子，
只要有了裂縫，就不能像原來那樣連成一片。」

瑞士　阿米爾

留下各種後遺症，其負面影響，絕非眼前所能看見的這般輕微而已。

承諾不該只是說說而已

常常說，對於孩子的教養，父母應是「以身作則」。由此可知，當父母準備承諾時，請仔細考量自己是否做得到，然後再開口，而父母對孩子承諾過的事情，既然保證了，就應該盡量做到，否則，寧可不要輕易給承諾。

要知道，大人不經意的「承諾」，對孩子而言就是一種「期望」；而大人的「不守信用」，對孩子而言就是一種「期望落空」，也就是「失望」。

親子相處，沒有十全十美的答案，父母與孩子都是在彼此的相處中學習成長。假使無法滿足孩子的期待，也千萬不可硬著頭皮給出保證，料想有可能做不到，便應該提前適時安撫孩子的情緒，讓孩子了解父母無法到場的緣由。

孩子是愛父母的，適時的溝通一定能讓彼此的親子之愛不減分。

正確翻轉小故事

芊芊一早起床後就好興奮，因為今天是她幼稚園的表演，她即將演出《冰雪奇緣》中的艾莎公主，這是所有小女孩們最夢想的角色。

更棒的是，平時忙得都不見人影的爸爸，昨晚聽說了這件事，立刻親親她的臉頰，承諾會和媽媽一起來觀賞她的正式演出。

雖然前一晚已答應芊芊要去看她的表演，但爸爸起床後接到兩通電話，多了兩個臨時會議要開，身為公司要角的他非出席不可，所以，在送芊芊到幼稚園的路上，爸爸說：「芊芊，爸爸今天公司突然間冒出了重要會議，我還記得昨晚答應過的，要去看芊芊表演，爸爸是真心想看芊芊表演唷！只是

專家Point！

- 不守信用會傷害關係中的信任感。
- 勿輕易允諾孩子做不到的事。
- 一旦答應孩子就不要食言。
- 出爾反爾的爸媽難使孩子心服。

會議的時間難以控制，爸爸要先跟妳說一聲抱歉，我不敢保證一定能到場！」

「哦……」芊芊心情跌落谷底，露出失望的表情。

爸爸接著安慰芊芊：「芊芊寶貝，爸爸知道妳失望了，可是爸爸為了一定要看到芊芊公主，我已經拜託媽媽幫忙了，媽媽會用錄影機把表演錄下來，假設爸爸真的走不開，去不了現場，至少我回家還可以看錄影！」

「對啊，爸爸可是千囑咐、萬交代，要媽媽千萬不能忘記錄影呢！那個認真的表情，與嚴肅的口氣，把媽媽嚇了一跳，早早就準備好攝影機了。」

媽媽也在一旁插話，證實爸爸所說的話都是真的。

「好吧，那我就不逼爸爸來看我表演了，但是爸爸要在心裡幫我加油唷！」

聽到爸爸那麼想要觀賞自己表演，芊芊覺得好窩心，原本還嘟著的小嘴，忍不住嘴角上揚，陰鬱從臉上一掃而空，眼睛笑成兩道彎月。

好好說進寶貝心坎裡的話 | 孩子最討厭聽爸媽說的話

「我有答應過你什麼了嗎？」

「好的，答應過的爸爸會記得。」

「這次不算，如果有下一次絕對做到！」

「這次做不到有理由的，因為……」

「保證是一回事，但是做不到也沒有辦法啊。」

「保證過的，媽媽會想辦法兌現。」

「先欠著吧，等之後再一起給你。」

「爸爸會守信用，牢牢記下來。」

NG 4 老師要肩負起孩子的教育責任

老師：「韋恩媽媽，是否該教他看場合踢球呢？」

媽媽：「這是學校老師應該教小朋友的事啊！」

錯誤示範小故事

「啊……好燙啊！」就在翻倒的油鍋旁，兩腳皮膚濺到一些滾燙熱油的維尼，痛得在旁邊的地板上滾動哀嚎著。

四周的小朋友們都驚慌起來，包括維尼的爸爸、媽媽，以及用足球把哥哥維尼準備炸甜甜圈的油鍋給踢倒，瞬間製造了一場紛亂，釀禍的弟弟韋恩。在遊樂園的攤位角落，原本校慶歡樂的氣氛，瞬間凝固了。

這時候，第一時間聞訊趕來的班導師妙妙，熟練地疏散了圍觀的同學們，抱起維尼，告訴他說：「維尼，發生了什麼事？你還好嗎？再忍耐一下，老師請人叫了救護車，救護車就快來了。」

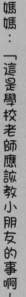

「老師，你們要負責任！為何要賣這種危險的東西，還讓我們家的維尼受傷了，將來留下傷疤校方賠得起嗎？」氣急敗壞的維尼媽媽，一見有出氣筒出現在眼前，立刻先發制人的責罵道。

「維尼媽媽，不好意思，您先冷靜下來，我據說是維尼的弟弟韋恩……」妙妙老師柔聲勸導，試著與維尼媽媽釐清狀況。

「關韋恩什麼事啊？維尼在學校受傷，當然是你們的錯！連我孩子都照顧不好，你還算是老師嗎！」媽媽凶狠很地打斷妙妙老師的話。

教育一點訣

校慶本來就是一個歡樂的場域，有各種比賽、園遊會，學校長官、老師、學生、家長及親屬等，都齊聚一堂。一般校慶的園遊會，大多會由高年級的同學，每班自發準備要以什麼形式參與。也許是設計闖關遊戲，或是販售食物等。目的除了藉此與師生、家人同樂外，也培養團隊的合作默契，與實地體驗買賣之中的金錢觀與貨物售出的成就感。在如此歡樂的場域裡，也有一些安全的風險，讓人在歡樂的背後不經意的忽略了。

孩子受傷了，都是老師的錯

維尼的班上想出了現場販售現炸的甜甜圈，班導師與學校在多方面的斟酌之下，同意讓他們以這個項目參與園遊會，也是想趁此機會，訓練孩子的自衛能力、加強孩子的安全意識、培養孩子們共同完成團隊活動。而縮小造成維尼受傷的原因，除了油鍋翻倒之外，其實最主要的還是弟弟韋恩踢出的玩具足球，才有後面連鎖效應般的釀禍。

媽媽心裡明明也知道小兒子是闖禍的源頭，卻可能害怕承擔責任，也有可能是對於維尼傷勢擔心過頭而失去理智，不願意聽進妙妙班導的任何說法，只先一味的怪罪班導及學校，這麼做其實是有些偏頗，且有失公道的。

家庭的功能無可取代

孩子的教育通常是從家庭出發，再輔以學校、社會。令人難過的是，現代高度經濟發展、少子化的社會，父母們投入太多精力在工作裡，反而常常錯把對孩子的教育視為學校的責任，認為孩子的好或壞，都屬於老師的職責。

家庭是每一個人來到這世界上最先接觸的環境，雖然隨著入學就讀，孩童的教育，會由原來家庭為主的教育型態轉變為學校教育，然而，至今我們仍舊認同，「家」有某些獨特的功能，是其它社會團體不能代替的。

何以見得呢？因為小孩自出生以來便是和父母相處，對父母依賴，依父母的說話去做事。家庭教育為孩子建立良好的基礎，在這基礎之下，學校教育才能延伸下去，家教正如建築物的地基，沒有這項基礎，學校裡的教育，是難以發揮作用的。

看看故事中的案例，韋恩來到攤位上，一時技癢就地玩起足球，年紀尚幼的他不知輕重，但身為成年人的爸媽，明知道有炸甜甜圈的油鍋，卻還是讓小兒子隨意玩起方向不受控制的球，本來就已經沒有做到為人父母該善盡的管教。韋恩釀禍了，又再次不先自我檢討，反而大聲吼班導，這麼做，無疑是將身為爸媽的責任，通通向外推。

韋恩既然犯了錯，父母也應該趁機教導，什麼地方可以肆無忌憚的玩球，什麼地方不可以玩。如此一來，才不枉費維尼受的傷，轉變成為一個良好的機會教育。

「家庭是社會的一個天然基層細胞，人類美好的生活在這裡實現，人類勝利的力量在這裡滋長，兒童在這裡生活、生長。」

蘇聯　安東．馬卡連柯

正確翻轉小故事

「啊……好燙啊！」在翻倒的油鍋旁，雙腿濺到一些滾燙熱油的維尼，痛得在旁邊的地板上滾動哀嚎著。

四周的小朋友們立即驚慌起來，包括維尼的爸爸、媽媽，以及用足球把哥哥準備炸甜甜圈的油鍋踢倒，瞬間製造了一場紛亂，釀禍的弟弟韋恩。在遊樂園的攤位角落，原本校慶歡樂的氣氛，瞬間凝固了。

這時候，第一時間聞訊趕來的班導師妙妙，熟練地疏散了圍觀的同學們，抱起維尼，告訴他說：「維尼，發生了什麼事？你還好嗎？再忍耐一下，老師請人叫了救護車，救護車就快來了。」

專家Point！

- 家庭教育品格，學校傳授知識。
- 家庭是教養重心，學校只是輔助。
- 爸媽的教育責任，遠遠大過老師。
- 孩子犯錯時請自省，勿責怪老師。

「老師，謝謝妳，用那麼快的速度幫忙叫了救護車！事情是這樣子的，是我的小兒子在熱鍋周圍踢足球惹的禍，我們還來不急阻止，意外就發生了。是我們爸爸媽媽不應該讓他在這兒踢球的，引起大家的恐慌，真的不好意思！」媽媽雖然心疼維尼的傷勢，還是鎮定下來，回應老師的關心，並且表示愧疚。

「維尼媽媽，我知道了，學校與老師也有疏忽的地方，應該要記得提醒同學們更加注意安全的，我們會重新檢討一下，炸甜甜圈對小學生來說是否太危險，我們也很抱歉！」陳老師也向維尼媽咪點著頭致歉。

「韋恩，你看到了嗎？你下次可不能再隨地亂踢足球了，因為足球的方向並不好控制，一不小心就會踢到不該踢的地方，這次連哥哥都被燙受傷了。」媽媽忍著擔憂的心情，不忘藉機教育肇事的韋恩。

韋恩一臉歉疚地靠著牆壁站著，點了點頭，他再也不敢隨意在危險場所亂踢足球了，希望哥哥的燙傷快點好起來。

好好說進寶貝心坎裡的話	孩子最討厭聽爸媽說的話
「寶貝要自己多多練習，數學才可以進步唷。」	「數學老師怎麼沒有把你的數學給教好呢？」
「爸爸教你規矩，免得寶貝去學校闖禍。」	「學校怎麼都沒有教會你要守規矩！」
「親愛的，你最近常常頂嘴呢。」	「你都不乖，一定是那些壞同學帶壞你了。」
「女兒啊，你經常翹課有危險唷。」	「我的小孩翹課，都是學校的責任！」

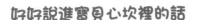

冷漠是把利刃！實質互動拉近親子距離

第二章

良好表達力，需要練習；學習求知慾，需要解惑；
親密關係需要說話、聊天、相處、互動，才能彼此瞭解！
挽回漸漸冰凍的親子關係，請父母親瓦解僵局、杜絕冷漠！

NG 5 剝奪孩子的發言權

呆呆：「我有話想說……」
爸爸：「大人說話，沒有小朋友插嘴的份！」

錯誤示範小故事

午夜十二點整，呆呆睡到一半感到口渴，爬下床去找水喝，突然聽見客廳傳來陣陣爭吵聲，於是他帶著膽怯的心，慢慢朝客廳走去。

「你幾乎天天晚歸，對家庭的關心在哪裡？」媽媽滿臉怒氣地問。

「我的工作總是得應酬，有什麼辦法。」爸爸也悶悶地回答。

「學校懇親大會，又是只有我一個人出席，你說，你已經錯過幾次了？你就不怕呆呆會失望嗎？」媽媽嘮嘮叨叨地唸著。

「我陪伴呆呆的時間是有限沒錯，但是我在外頭打拼、奔波，也是想讓呆呆上一間好學校，讓你們吃好、穿暖，過上無憂無慮的日子，明白我的心意好嗎？」爸

爸開始激動地回應。

這一刻，呆呆總算搞清楚爸爸、媽媽究竟在爭執什麼了，希望擔任和事佬，於是他開口說道：「爸爸、媽媽……」

「你插嘴做什麼？」兩個怒氣沖沖的大人，轉頭過去異口同聲地對孩子吼到：「我們大人講話，不關小孩的事！」

呆呆被這麼一凶，感到無限的委屈，想說的話，通通吞回肚子裡，淚水也不禁在眼眶裡打轉，最後只好小聲抽泣著回房間了。

教育一點訣

經過爸爸媽媽這麼一罵，呆呆究竟有何感想呢？當他回到房間之後，翻來覆去，依然無法入眠，不斷思考著，明明就聽到父母提起自己，為什麼卻又說「不甘你的事」呢？為何爸爸、媽媽會突然對自己吼？難道是自己做錯了什麼嗎？為什麼自己無法參與討論呢？難道是懇親大會的事情很嚴重嗎？

事實上，這不僅僅是呆呆的心聲，而是大多數孩子聽到這句話後的普遍感受。成長中的孩子，非常厭惡被當作不懂事的嬰兒來對待，特別是當談話內容涉及到自己，當然會渴望知道並積極參與，要知道，身為家庭成員之一，孩子不是局外人，當然也有權力知道家裡的某些情況。

不平等的教育造成代溝

「大人說話，小孩子不許插嘴」從心理學上來分析，是爸媽把小孩從家庭中完全切割開來，未把孩子當作一個平等說話對象；所有的教育學者都不贊成此種教育方式，假設打從一開始父母、孩子就處在不平等位置，往後怎麼洞悉孩子想法，教育又該如何達到目的？

扼殺孩子的成長機會

孩子往往比大人想像的還要機靈，也具有一定的判斷力，並非不懂得所有情況，爸媽必須深刻明瞭，自己的言語行為，將會反應到孩子的態度上，所以「以身作則」相當重要，當孩子透露出想弄懂長輩之間在談的事情，代表他正在釋放強烈求知慾，當請求再三受到制止，那將會打消他們探索問題的積極性，讓思考力的發展受到阻礙。

「從小把孩子當作獨立社會人來對待，這樣培育出來的孩子，走上社會便能成為獨立社會人，具有『後生可畏』的勁頭。」

日本　池田大作

俗語說：「窮人的孩子早當家」這是有一定道理的，因為環境窘迫的小孩不比溫室花朵，他們提早面對社會，有各種機會加入長輩談話、觀察大人處事，待人接物、培養品格都有所斬獲，不失為一種能力鍛鍊。小孩終究是要長大，眼前父母任何經歷，也都是他們未來可能會親自遇上的，若爸媽期許孩子們擁有優秀的表達力、說話技巧，能夠獨立與社會接軌、溝通，那麼請不要再剝奪他們的發言權，聽聽他們想說什麼。

暗示孩子「你是個有能力的人」

成長是一段漫長的過程，如何提高效率非常重要。心理學上流傳著這樣一句話：「選擇一個不是太離譜的定位，並真心相信自己會成為那種形象，潛意識就會幫助你朝向擬定的目標邁進。」心理學家們表示，父母若將孩子當作大人般對待，無形中也會將這種信息傳遞給他們，讓他們漸漸也獨立自信，認為自己有能力像成年人一樣，理智又可靠地去處理事情，那麼孩子們將會更快速地茁壯，甚至是超越父母的要求與期盼。

孩子的成長過程，必須配合父母的尊重，讓孩子在充滿尊重的環境中成長，長大後他便懂得尊重別人。只有當孩子覺得自己也很重要時，他們才有動力來面對任何事物。不想讓孩子在成長跑道上晚起步，爸媽就以同等的地位對待孩子吧！

正確翻轉小故事

午夜十二點整，呆呆睡到一半感到口渴，爬下床去找水喝，突然聽見客廳傳來陣陣爭吵聲，於是他帶著膽怯的心，慢慢朝客廳走去。

「你幾乎天天晚歸，對家庭的關心在哪裡？」媽媽滿臉怒氣地問。

「我的工作總是得應酬，有什麼辦法。」爸爸也悶悶地回答。

「學校懇親大會，又是只有我一個人出席，你說，你已經錯過幾次了？你就不怕呆呆會失望嗎？」媽媽嘮嘮叨叨地唸著。

「我陪伴呆呆的時間是有限沒有錯，但是我在外頭打拼、奔波，也是想讓呆呆上一間好學校，讓你們吃好、穿暖，過上無憂無慮的日子，明白我的

專家Point！

- 大人與孩子的地位是平等的。
- 孩子遠比您想像中聰明能幹。
- 表達能力，需要不斷的鍛鍊。
- 尊重孩子在家庭中表達的意見。

心意好嗎？」爸爸開始激動回應。

這一刻，呆呆總算搞清楚爸爸、媽媽究竟在爭執什麼了，希望擔任和事佬，於是他開口說道：「爸爸、媽媽……」

突然聽到孩子的聲音，爸爸媽媽都驚嚇了一下，兩個人很快回過神來，媽媽溫柔地問道：「呆呆，怎麼還沒睡？太大聲吵醒你了嗎？」

「你們是不是在吵架？跟我的懇親大會有關係嗎？」呆呆問。

「媽媽不小心講話激動了，我們正在商量，爸爸是否應該減少一部份應酬，多花點時間來陪你。」媽媽輕聲說道。

爸爸接著說：「對阿，呆呆，對不起，你與爸爸交流的機會真的太少，都是因為我經常應酬，並沒有好好花時間來陪陪你！」

呆呆這時說出了自己的想法：「爸爸、媽媽，沒關係的，我知道爸爸工作忙，我也知道爸爸是關心我的，我只希望你們別吵架了。」

原先緊張的氣氛，就在父母陳述給孩子聽的同時，慢慢地化解開了！最後，爸爸也允諾說未來將減少應酬量，全家人開開心心的抱在一塊兒。

好好說進寶貝心坎裡的話	孩子最討厭聽爸媽說的話
「關於這件事，寶貝有什麼想法？」	「我沒問你意見，你不要講話！」
「等爸爸說完，也輪到寶貝說。」	「你聽爸爸說就好，不用開口發言！」
「原來你的想法是這樣子的啊！」	「小孩子不懂事，廢話少說！」
「小朋友，你們覺得怎麼樣呢？」	「這是大人的事，不甘小朋友的事！」

NG 6 冷漠對待孩子愛的表達

娜娜：「爹地、爹地，餅乾片給你一塊唷！」
爸爸：「這麼無聊的遊戲，妳怎麼都玩不膩？」

錯誤示範小故事

「親愛的爹地，你可以陪人家玩扮家家酒嗎？」五歲的小女生娜娜，伸手拉拉正坐在沙發上看報紙的爸爸，撒嬌似地說。

爸爸點了一下頭，但是兩眼仍然緊盯著報紙看。

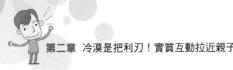

得到爸爸的回應後，娜娜興高采烈地立刻搬來一個玩具箱，把娃娃屋拿出來，簡單地組裝起來之後，擺好迷你版玩具茶壺、玩具茶杯，問爸爸說：「爹地，我們快來吃下午茶吧！你要不要先喝一杯茶？」

「嗯嗯。」爸爸的眼神並沒有從報紙裡抬起來，他皺著眉，繼續翻頁。

「爹地，你要不要再喝一杯茶呢？」娜娜再次自言自語的問道：「還有巧克力手工餅乾，娜娜多給你一個哦！」

就這樣經過十分鐘，娜娜發現爸爸聚精會神在閱讀，根本沒有心思陪她玩家家酒，不高興地在爸爸眼前晃來晃去說：「爹地，你要不要喝口茶嘛？還有餅乾啊，娜娜給你很多個，你都沒有吃……」

爸爸依然沉默不語，不甘心一直被忽略的娜娜，把身子湊到爸爸與報紙之間，使起性子說：「爹地！你要不要喝茶啦？」

注意力被硬生生打斷，爸爸終於把報紙給放下來，嘆著氣說道：「娜娜，這麼無聊的遊戲，妳還真的是玩都玩不膩啊！」邊說邊站起來離開，只留下失落的娜娜和擺了一地的娃娃屋。

教育一點訣

娜娜的爸爸只想安靜、不受打擾的好好看完手中的報紙，這也許是他忙碌後難得的休閒時光。可是妮妮才五歲，還屬於半大不小的幼兒階段，她撒嬌式地向爸爸靠攏，提出一起玩娃娃屋的要求；即便爸爸是不經意地點頭，娜娜卻如獲至寶，認為那是答應的意思，所以邁著小短腿興沖沖地搬來玩具。

當娜娜搬來娃娃屋，開始進行遊戲，甚至說：「還有巧克力餅乾，多給你一個哦！」以一個五歲大的兒童來說，還不太懂數數，她卻把愛吃的餅乾多分給爸爸一個，這個動作背後代表的意義是，高興爸爸陪自己玩，還有她愛爸爸的成分在。

其中「多給你一個」，對於娜娜來說，便是對父親「愛的表達」，然而爸爸卻完全沒有接收到娜娜的心意，也沒有對娜娜回以任何表示。

藏在孩子動作裡的「愛」

有的孩子能夠透過擁抱、親吻、微笑、撫摸……等等容易解讀的方式，對待所愛的人物或東西，主動表達內心的愛意；反之，也有的孩子並不全然是用正面情緒來表達對父母的情感，例如分離焦慮的幼童，可能會選擇哭泣或吵鬧，來回應家長的離開視線，這其實亦是「我是如此需要你」的一種表示，也是種愛的表達，父母若能體會這一點，或許能稍稍紓解當孩子糾纏時的煩躁與挫折。

愛雖然是人類的自然情感，但並非每個孩子都善於表達，也不見得表示方式都是熱情洋溢，這多少涉及個人的性格特質。因此，作為孩子的爸媽，能不能夠讀懂孩子動作背後隱含的「愛」，並即時給出回應，就相當重要。

家中多了新成員的調適

孩子從出生以來一直被父母呵護著，從牙牙學語到已開始會玩扮家家酒，這一路上，父母親就是孩子世界的全部，當然會自然向父母靠攏、尋求愛意與陪伴。

爸媽從有了孩子開始，不可能永遠停留在只要餵飽了就入睡，或獨自揮舞小拳頭玩耍的襁褓時代。由於有了新成員，爸媽工作、下班或假日，也不可能像單身、新成員尚未到來時，可隨意愛怎麼休息、愛幾點幾床都可以。所有的作息面臨的是一個重新調整、為愛妥協的情境，也因此孩子才會被稱作「甜蜜的負擔」。

在愛與被打擾中尋找平衡

父母親的冷漠，對於孩子「愛的表示」無動於衷，在子女心靈上所長久釀成的不良影響，甚至會比打罵還要更惡劣。如果父母只是供子女吃飽、喝足、穿暖，卻沒有提供他們心理上的溫暖，孩子會產生

> 「愛的對立面不是恨，而是冷漠。
> 因為恨是愛心的受挫，而冷漠是愛心的死滅。」
>
> 中國　周國平

一股被人拋棄的感覺，帶來沉重的精神負擔，甚至無法正常發展正面性格，待人處世也會變得畏畏縮縮。

抱抱是「愛」，親親小臉是「愛」，說故事是「愛」，陪孩子扮家家酒是「愛」，認真聽孩子說話也是「愛」，「愛」也許不需要一天到晚掛在嘴上，但也請爸媽不要吝嗇說出口，或是將愛意轉換為行動，表現出來讓孩子感受到。

尤其是日常必須教育孩子，爸爸、媽媽責罵小孩的頻率比較高，有時候不免跟孩子的關係會顯得緊張。在平常的日子裡，如何適時地表達愛意，讓爭執時刻來臨也不至於撕裂彼此的良好關係，就成為一件很重要的事情。

爸爸認為被打擾，不悅的撇下妮妮離開，其實已經無形的傷害了妮妮幼小的心靈，讓她覺得，想找爸爸陪伴這件事她做錯事了。

父女親情血濃於水，爸爸如果也愛妮妮，即使覺得自己的休閒時光被打擾了，也可先想一想，再好好和妮妮溝通。讓妮妮知道，爸爸平時工作忙，難得空閒，所以沒辦法現在陪她玩，但愛妮妮的心是不變的，再給她一個擁抱，心連心的貼近，這個愛的擁抱是可化解任何誤會與不足的。

正確翻轉小故事

「爹地，你可以陪人家玩辦家家酒嗎？」五歲的娜娜，伸手拉拉正坐在沙發上看報紙的爸爸，撒嬌地說。

「好啊！」爸爸的兩眼從報紙上移開，看著娜娜點頭回應。

得到爸爸的回應後，娜娜興高采烈地立刻搬來玩具箱，把娃娃屋簡單地組裝起來之後，拿著迷你版玩具茶壺、茶杯，問爸爸：「爹地，我們先來吃下午茶吧！你要不要先喝一杯茶呢？」

爸爸把報紙摺疊好，放在一邊，立刻拿起玩具迷你茶杯喝了口說：「嗯！娜娜泡的茶真好喝呢。」

專家Point！

- 冷漠會造成孩子心靈創傷。
- 遊戲對孩子來說就是重要的事。
- 多多站在孩子的立場思考。
- 親密關係需要付出多一點心力。

「爹地，你喜歡的話，要不要再喝一杯茶？」娜娜受到鼓勵後，又再問道：「還有巧克力手工餅乾，娜娜多給你一個哦！」

爸爸感動的回答說：「真的多給爸爸一個嗎？娜娜對爸爸真好，把自己最喜歡的巧克力餅乾多給我一個！妳一定很愛爸爸吧，爸爸好開心唷。」

聽見爸爸如此說的娜娜，整個人都笑開懷了，更辛勤地製作餅乾、沖泡茶葉，沉浸在取悅爸爸的喜悅之中。就這樣經過了二十分鐘……

「娜娜，爸爸已經喝了好多茶、吃了好多餅乾，心滿意足，只是我有點愛睏了，想再去睡一下子，妳可以自己玩嗎？」爸爸誠摯的看著娜娜說道。

娜娜雖然滿心希望爸爸留下來陪她玩耍，不過當她看見爸爸一臉倦容，她便乖巧的點點頭說：「可以，爹地快點休息。」

爸爸把娜娜擁抱在懷裡，「爸爸好愛你唷，娜娜寶貝。很抱歉，今天太累，不能再陪你玩，等爸爸有精神了再一起扮家家酒唷。」最後再彎身親了一下娜娜的額頭後才離開。

好好說進寶貝心坎裡的話	孩子最討厭聽爸媽說的話
「我們先休息完再陪你玩唷。」	「我們很累，你去旁邊自己玩。」
「寶貝說的話，爸爸通通聽見囉。」	「好好好好好，爸爸已經聽到了。」
「貼心的寶貝兒，讓媽媽先休息一下再陪妳好嗎？」	「走開，我很累，別來打擾我。」
「媽媽現在吃不下，謝謝你唷。」	「你吃就好，我不想吃，不用給我。」

NG 7 爸媽在家中不斷地低頭滑手機

媽媽：「我要滑手機，沒有空陪妳玩耍！」
甜甜：「媽咪喜歡手機，比喜歡甜甜多……」

錯誤示範小故事

甜甜安靜地在客廳自個兒畫畫，紅色、橘色、黃色、綠色……用各種色彩的蠟筆，在圖畫紙上恣意地揮灑著，即便小手沾滿了顏料，但她絲毫不以為意。

當她把一張大大的圖畫紙都畫完之後，她興奮的拿著它，跑進家中的主臥室，準備拿給還躺在床上滑手機追韓劇的爸爸、媽媽看。

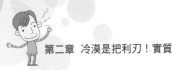

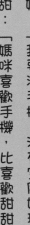

媽媽只抬頭撇了一秒鐘，漫不經心地說：「嗯，畫得不錯。」

甜甜的作品沒有受到大力稱讚，感到有些挫折，因此她問媽媽：「媽咪，妳覺得我的畫可以得幾分？怎麼樣我可以畫得更好？」

「畫這樣就可以啦，一百分一百分。」媽媽繼續面無表情地回應甜甜，爸爸更是自始自終都沒有發出任何聲音。

甜甜原本睜亮的大眼睛，瞬間黯淡了一些些，她問：「媽咪，妳現在不是沒有在睡覺嗎，那可以陪我玩一下嗎？」

媽媽戀戀不捨的將視線從手機移開了一秒，說：「我現在很忙的，要追劇、上臉書、跟朋友連絡感情，沒有空陪甜甜玩，妳先自己去玩玩具，好乖唷。」話才一說完，手指頭滑呀滑的，又將視線專注在手機上。

甜甜低著頭，拿著畫，扁著嘴但又不敢哭，失落地走出爸媽的房間。

教育一點訣

「追劇」這個詞對現今女性來說應該並不陌生。3C產品帶給現代人生活改變，包括連絡、通訊、娛樂、殺時間，「秀才不出門，能知天下事」這句古諺在科技化的社會裡已不是稀奇事，用手指滑一滑，就能羅列出萬千資訊，海內外的綜藝節目、電視劇、電影的蓬勃發展，紅遍大街小巷的戲劇層出不窮，讓許多人失心瘋似的，從首集追看到最後一集方肯罷休。

怎麼能將孩子擺一邊？

故事中的甜甜，從她不吵不鬧自己安靜畫畫來看，可知道她被教養的很好。當她把一張圖畫紙都畫完了，應該已經花了不少時間，這段時間媽媽都沒有從房間裡走出來看看她的情況，已是很誇張的事。而當甜甜把畫好的圖，獻寶似的拿給媽媽看，卻只敷衍了一句「嗯，畫得不錯。」就想打發甜甜離開，只為了不想讓甜甜打斷她追劇。

全然以自我為主，自私地將追劇的需求，擺在孩子的需求之前，先滿足追劇的私人慾望，卻將甜甜像打發小狗一樣地揮開；既沒有身為母親的自覺，來細心對待孩子，也沒有體會甜甜的不吵不鬧，就是對母親最大的愛的容忍，亦不管甜甜獨自玩耍時是否會有其他安全風險，這是多麼要不得的教養方式。

逃不出的數位產品陷阱

也正因為3C產品面市以來的便利，在這「人手一機」的時代裡，手機裡APP程式的五花八門，加上娛樂、觀光休閒的各種風氣全球發酵。在臺灣，也經調查發現，每人每天平均滑手機的時數幾乎居全球前幾名。因此，每個家庭每個成員，幾乎都人手一支或兩支手機，這也算是社會過度發展的現象了。

根據BBC報導，英國有許多父母發現，很難控制孩子使用平板的時間。有些小孩只要黏著平板、手機和電視，就很難叫他們去寫功課、做家事、洗澡、專心吃飯、準時上床睡覺，這是活在現代的父母親們勢必得要面臨到的一項教養挑戰。

小孩子無疑地會學習大人的行為，把大人當成榜樣，平日便把3C產品擺在第一順位的家長，又該如何教導子女別不斷滑手機呢？想必孩子也會心有所不服氣吧。不僅如此，教育相關研究人員也發現，當父母親沉浸在自己的手機、平板時，部分孩子故意做出脫序行為的比例明顯上升，這似乎是想吸引家長們注意。

不甘受冷落也好，有樣學樣也罷，無論是基於何種理由，受科技產品綁架的爸媽，自然容易培育出受科技產品綁架的下一代，這一點無庸置疑。所以身為父母，我們得引導孩子，養成使用數位工具的好習慣，以免被數位世界給吞噬掉。

「孩子的言行就像一面鏡子，反映著家庭的精神，
父母的日常性言行，對培養孩子的人格具有最強的說服力。」

日本　谷口雅春

阻止小孩瘋狂滑手機，爸媽以身作則

近年濫用科技的普遍現象，被視為孩童憂鬱症、焦慮症、過動症、自閉症等精神病例增加的主因。根據調查，每11個孩童就有一個有科技成癮的問題，甚至比例更高。醫學研究指出，過度暴露在科技產品（如手機、網路、平板、電視……等等）的環境下，使用科技產品頻率過高，會導致兒童大腦發育遲緩，除了會限制讀寫、學習能力，還會導致專注力缺乏，自律力也會降低，容易受情感驅使而衝動，造成性格上的缺陷。

教育學者建議，父母在孩子起床前、在學校上課、上床睡覺後等等空檔，才去查看電子郵件、上臉書、回覆通訊軟體，是最恰當的時機；當孩子在身邊的時候，則盡可能地做到專注跟小孩互動、說話，而不是讓數位產品分散了注意力。當爸媽打算取出電子裝置使用前，最好再三思考，並且速戰速決。

如果想在數位產品與照顧孩子之間取得平衡，父母就應該先想一想，再謹慎處理，才能避免不必要的憾事發生。比方說：追劇既然可從程式上下載，沒有時間限制，那就不急於在特定時間內追完。家長應放下手機，好好的陪孩子，待照顧好孩子的所有需求，包括吃飯、洗澡、睡覺後，剩下時間就可以繼續追劇了。

正確翻轉小故事

甜甜安靜地在客廳自個兒畫畫，紅色、橘色、黃色、綠色……用各種色彩的蠟筆，在圖畫紙上恣意地揮灑著，即便小手心沾滿了各色的顏料，混在一塊看起來髒兮兮的，但她絲毫不以為意。

當她把一張大大的圖畫紙都畫完了之後，她興奮的拿著它，跑進家中的主臥室，準備拿給還躺在床上滑手機追韓劇的爸爸、媽媽看。

媽媽看了一眼，立刻說：「哇！甜甜畫的好棒啊！」

甜甜的作品受到大力稱讚，感到好開心、好開心，因此，她繼續追問媽媽：「媽咪，那妳覺得怎麼樣我可以畫得更好呢？」

專家Point！

- 別給孩子一直滑手機的錯誤榜樣。
- 家庭時光難能可貴，請好好珍惜。
- 孩子的重要性，遠遠勝過手機。
- 請付出更多的關注與愛給孩子。

「嗯，媽媽覺得，甜甜已經畫得很好了唷，色彩鮮豔，畫面生動又活潑。那不如在這邊加上一隻小狗狗，是不是個好主意？爸爸，你覺得呢？」媽媽認真地回應甜甜，暗示爸爸也一起過來看。

爸爸看了看甜甜的圖，也熱切地說：「甜甜真的畫得很好！爸爸都不知道還能如何給建議了，媽媽說的好像不錯唷，可以再加一隻小狗狗。」。

甜甜原本睜亮的大眼睛，睜的更大顆了，她問：「爸比、媽咪，你們現在不是沒有在睡覺，那可以陪我一起畫畫嗎？」

媽媽雖然戀戀不捨，不過還是馬上將追劇中的手機放在床頭櫃，說：「**好啊！甜甜寶貝，媽媽陪妳一起畫**，妳畫了這麼久的畫，肚子餓不餓，要不要吃些小點心？冰箱裡面有甜甜最愛的布丁唷。」

邊說，媽媽邊牽著甜甜的手走出房間。

「媽媽陪甜甜畫畫，爸爸就負責準備點心給妳們吃吧！」爸爸體貼地說，也跟在後面走了出來。

好好說進寶貝心坎裡的話	孩子最討厭聽爸媽說的話
「寶貝，妳想要跟爸爸說什麼？」	「妳沒看見爸爸忙著滑手機嗎？」
「親愛的，你想要我陪你玩嗎？」	「等我的日劇追完，才有時間陪你。」
「媽媽接通電話，等會兒好好聽寶貝說唷。」	「你安靜！媽媽現在要接電話。」
「小寶，爸爸現在就聽你說。」	「等我看完這部電影再說好嗎？」

NG 8 對孩子的求知慾潑冷水

小新：「為什麼斑馬是吃草？」

爸爸：「老愛問為什麼，你能不能安靜一點？」

錯誤示範小故事

客廳裡，小新將電視轉到自己最愛的探索動物頻道，和爸爸、媽媽一同津津有味地觀賞著荒野生物世界的神奇奧秘。

「媽媽，為什麼蛇沒有腳呢？」

「為什麼蛇沒有腳？這個……」猛地被問，媽媽不知道該如何回應。

「啊！黃黃的那是什麼動物？」

「那是獵豹。」爸爸回答說。

「為什麼牠要追逐那些斑馬呢？」

「因為獵豹肚子餓，要吃掉牠們。」

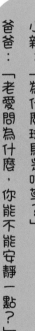

「斑馬好可憐，為什麼獵豹不像我們一樣吃飯呢？」

「因為獵豹是野生的肉食動物。」

「野生的肉食動物就不吃飯嗎？」

「沒錯，牠就是以肉為主食的動物，這是天生的。」

「為什麼這麼多隻斑馬，要怕一隻獵豹？牠們怎麼不聯合起來反抗？」

……

面對寶貝兒子一連串連珠炮似地提問，若知道答案，或是一知半解，爸媽勉強還能回答上幾句，然而，有些問題卻讓爸媽完全不知道該如何解答。最後，爸爸越來越不耐煩，終於失去耐性，帶有怒氣地說：「看電視就看電視，不要沒完沒了地一直問！為什麼？為什麼？沒有那麼多為什麼！」

教育一點訣

聽到孩子問「為什麼」，身為父母者應該感到欣慰。反之，如果孩子連一個問題都沒有，那麼爸媽才應該擔憂，孩子為何對世界如此不關心？他的大腦是否一天到晚處在停擺的狀態？或者孩子是不是連提出疑問的勇氣都為零？

「為什麼」是學習的根基

如果孩子興致勃勃地問你：「這是為什麼？那是為什麼？」證明了他正在思考問題，並且渴望獲得新知識，與解決問題的力量。這是一種非常良好的學習習慣，也是一個完善的親子溝通過程，透過提問、表達與互動，爸媽能夠更明瞭孩子的思維及性格。如果此時父母用權威性的口吻制止他，潑他冷水，責備他問了太多「為什麼」，那孩子又怎麼培養出高漲的學習欲望？該如何促使自己進步？又該怎麼與家長交流呢？

市面上包含著各類型的《十萬個為什麼》，從天文、地理到人體、科學，在「為什麼」裡，往往包含著知識的啟蒙，當孩子有興趣探究的時候，父母不從旁幫助解答，豈不是錯過了教育良機？根據研究，自主學習的效果往往比被動學習還要來得明顯。

「為什麼」是進步的源頭

被譽為發明大王的愛迪生（Thomas Alva Edison）創造電燈、留聲機，為人類生活帶來重大貢獻。他之所以擁有這些成就，是因為對任何事物都具有好奇心，常問無數個「為什麼」，若當時愛迪生的媽媽不願意傾聽、解答，那麼他或許就不會成功了。

社會的進步、科技的發展，都來自人類在發現一個個的問題上。要想培養一個善於思考的孩子，就不要封殺孩子提問的權利。

當孩子提出疑問時，身為父母應當支持、鼓勵孩子的提問行為，並極力給予幫助，而不是打擊他們的學習熱情，如此一來將削弱孩子的求知欲望。無論面對什麼問題，當孩子向你提出「為什麼」時，即使精神不濟，處在容易失去耐心的狀況下，也都應該耐著性子回答，或者是想辦法讓孩子先緩緩。

如果無法回答孩子們的問題時，又該怎麼做呢？儘管被問到一些令人啞口無言的問題，爸媽也不必覺得有失面子，畢竟人非聖賢，不妨與孩子一起查閱書籍、尋找答案。如果是簡單的問題，藉著反問的方式去引導孩子，亦是培養孩子獨立思考的好機會！

要培養一個人具備發現問題、分析問題、解決問題的能力，並不簡單，是要經過長期下、反覆地練習才能完成的，當父母發現孩子可以自己提出問題時，應給予贊同與鼓勵。如此一來，才能有助推動孩子思考與汲取新知的學習好習慣。

「提出一個問題，往往比解決一個更重要。因為提出新的問題需要有創造性的想像力，而且標誌著科學的真正進步。」

德國　阿爾伯特・愛因斯坦

正確翻轉小故事

客廳裡，小新將電視轉到自己最愛的探索動物頻道，和爸爸、媽媽一同津津有味地觀賞著荒野生物世界的神奇奧秘。

「媽媽，為什麼蛇沒有腳呢？」

「為什麼蛇沒有腳？這個……」猛地被問，媽媽不知道該如何回應。

「啊！黃黃的那是什麼動物？」

「那是獵豹。」爸爸回答說。

「為什麼牠要追逐那些斑馬呢？」

「因為獵豹肚子餓，要吃掉牠們。」

專家Point！

- 會提問題的孩子，將來更有學問。
- 自動自發，勝過塘塞式教育。
- 好奇心與快樂程度成正比。
- 發問代表孩子正在動腦筋。

「斑馬好可憐，為什麼獵豹不像我們一樣吃飯呢？」

「因為獵豹是野生的肉食動物。」

「野生的肉食動物就不吃飯嗎？」

「沒錯，牠就是以肉為主食的動物，這是天生的。」

「為什麼這麼多隻斑馬，要怕一隻獵豹？牠們怎麼不聯合起來反抗？」

爸爸帶著微笑，回答小新說：「小新，這個問題，爸爸也還沒有想到，你能發現這個問題，真的很不錯，我們現在可以一起來找出答案，好嗎？」

媽媽也附和：「沒錯，謝謝小新提出問題，讓媽媽也有機會多增進知識，我們現在就陪小新一起找尋為什麼，讓小新的印象更深刻！」

……

接著，爸爸便帶著小新，開始上網查資料、翻閱書籍，找尋相關知識，媽媽也詢問對於動物頗有研究的爺爺，最後共同解決了孩子心中的疑惑。

不僅如此，小新今天還學習到了網路的運用技巧，包含關鍵字的查詢、知名網站、影音平台……，將來如果又有疑問，想要知道為什麼，爸媽沒有空來回答時，也多了一個自己找答案的好管道！

好好說進寶貝心坎裡的話	孩子最討厭聽爸媽說的話
「寶貝對什麼事情都具有好奇心，好棒呢！」	「又是為什麼，你有完沒完？」
「關於你的問題，是這樣的……」	「沒有為什麼，本來就是這個樣子！」
「會想到這樣的問題，真不簡單！」	「問這些奇怪問題，找誰麻煩！」
「媽媽不知道，但我們可以一起找出答案。」	「我不知道，不要再問我為什麼了！」

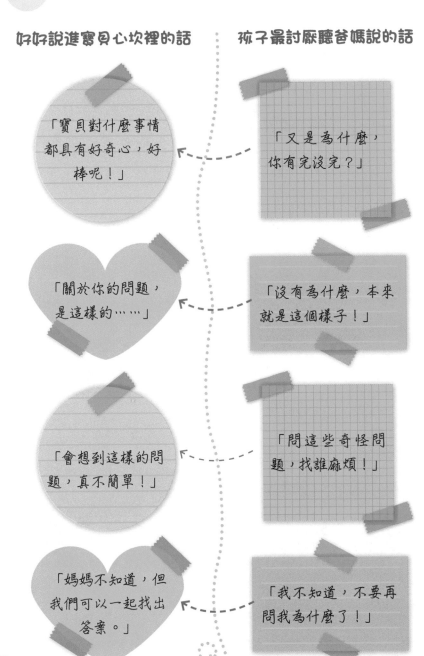

溺愛帶來傷害！
鐵的紀律望子成龍的心

第三章

《三字經》說：「玉不琢，不成器；人不學，不知義。」
再稀有的鑽石，若不經一番雕琢與教誨，也只是顆頑石，
過與不及都是錯誤，教養這門學問，請父母慢慢專研！

NG 9 無止盡滿足孩子的需求

小傑：「媽媽，我想要養一隻寵物！」
媽媽：「好哇，寶貝想養，媽媽現在就去買！」

錯誤示範小故事

六歲的小傑是家中的獨生子，從小時候就備受家中長輩們的寵溺與愛護，衣食無缺，有求必應，家中的玩具多不勝數，堆得像座小山丘。

這一天，他上學時，幼稚園中班的好同學妮妮，抱來了一隻看起來還很幼小，毛色灰白相間的兔子寶寶，興奮的向大家炫耀。

那隻可愛的小兔子，眨個不停牠的無辜紅眼睛，馬上就激起了小傑的好奇心，目不轉睛地盯著牠看，忍不住向妮妮借來抱，一直到放學時間都還不捨得鬆手。

在父母來接小傑下課時，他馬上迫不及待的說：「爸爸、媽媽，我也要養寵物！我也要養寵物！我也要養寵物！」

媽媽問：「什麼寵物呢？為什麼呢？」

小傑說：「我想要養一隻兔子！因為妮妮有養一隻白白灰灰的小兔子，牠好可愛、好可愛。妮妮都可以有，我也想要有，所以讓我養兔子。」

媽咪看到兒子充滿期盼地熱切要求著，心想怎麼能讓寶貝兒子小傑失望呢，立刻轉頭告訴爸爸說：「好哇！爸爸，既然小傑想要養兔子，那麼我們現在就立刻去寵物店，買一隻兔子給他養吧！」

教育一點訣

小傑才六歲，還處於半大不小的學齡前兒童，這個階段孩子的心性大多是喜新厭舊的，例如：面對玩具的態度，無論之前購入時多麼喜愛的玩具，只要看到下一個新玩具，就可以在短時間內，立刻轉移注意力，將舊玩具放在一邊。

對這個世界充滿好奇心的小朋友，想要的東西很多，見到其它孩童所擁有的，特別容易爭先恐後地爭取，就像小傑，因為看到妮妮養了兔子，也興起了養寵物的興趣。

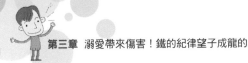

爸媽是萬能的錯覺

現代的父母平時庸庸碌碌為生活打拚，加上經濟收入因素，獨生子女的比例越來越佔多數，而對單一孩子的寵溺幾乎是常態的。

當小傑提出想養寵物的要求時，爸媽忘記仔細考慮養寵物後衍生的問題，才會立刻就答應了小傑，等於是讓小傑輕易就得到他想要的，雖然是父母基於愛孩子的表現，但也不免會讓小孩覺得「只要我喜歡就一定可以得」或者是「爸爸媽媽是萬能的」的錯誤印象。

一旦養成了「爸媽會答應我任何請求」的觀念，就是孩子無理取鬧的開端。這次是養寵物，若日後孩子再提出任何要求，無論它合不合理、能不能達成（例如，要天上的星星），無法得到就亂發脾氣、大鬧大哭，這時爸媽就應該有所警覺了。

所以，當孩子提出要養寵物時，爸爸媽媽至少必須先想一想再回答，倘若家中環境不適合養，拒絕小孩之前，可以詳細的解釋背後原因給孩子聽。而假如思考過後的結果是願意讓孩子試試看，也要在答

「你知道用什麼方法一定可以使你的孩子成為不幸的人嗎？
這個方法，就是對他們百依百順。」

瑞士　尚・雅克・盧梭

允孩子時，同時告知他馴養小動物應該做的事情。

不僅是養寵物，在同意孩子很多事情之前，都要先與他們進行溝通，千萬不要讓孩子覺得有求必應，就不珍惜爸媽所給予的、自己能擁有的。

孩子，尊重小生命

小傑想養的寵物是兔子，被人類飼養的兔子一般是膽小又柔弱的動物。而不管是什麼類型的寵物，其實都是一個活生生的生命，並不像玩具，孩子不想玩了就任意丟棄。寵物如果孩子不要養了，面臨的就是棄養。寵物賴以獨立生存的技能本來就低下，在這種被棄養的時刻，就像是震撼人心的電影「十二夜」中的流浪犬，除非是在短短時間內找到下一個主人，否則幾乎只有面臨死亡。

由於養寵物與玩具的輕重不可比擬，即使爸媽答應讓孩子養寵物，也一定要藉此機會教育孩子尊重生命、培養責任感。例如，告訴孩子小動物沒照料好可能患上的疾病、寵物失寵後會面臨的危險情境。如此一來，即使爸媽實現孩子買寵物的願望，加入了上述的教育觀念，就會讓養寵物這件事不是只限於「寵溺孩子」的範疇，而更延伸到從小培養孩子正確看待生命及有責任感的品格養成，如此親子雙贏的局面，何樂而不為呢！

正確翻轉小故事

六歲的小傑是家中的獨生子，從小時候就備受家中長輩們的寵溺與愛護，衣食無缺，有求必應，家中的玩具堆得像座小山丘。

這一天，他上學時，幼稚園中班的好同學妮妮，抱來一隻看起來還很幼小，毛色灰白相間的兔子寶寶，興奮的向大家炫耀。

那隻可愛的小兔子，眨個不停牠的無辜紅眼睛，馬上就激起了小傑的好奇心，目不轉睛地盯著牠看，忍不住向妮妮借來抱著、撫摸牠柔軟的毛，一直到放學時間都還不捨得鬆開手。

在父母來接小傑下課時，他馬上迫不及待的說：「爸爸、媽媽，我也要

專家Point！

- 答應孩子任何事前先想一想。
- 勿同意孩子太過分的要求。
- 告訴小孩養寵物是件嚴肅的事。
- 不要寵孩子到有求必應。

養寵物！我也要養寵物！」

媽媽問：「什麼寵物呢？為什麼呢？」

小傑說：「我想要養一隻兔子！因為妮妮有養一隻白白灰灰的小兔子，牠好可愛、好可愛。妮妮都可以有，我也想要有，所以讓我養兔子。」

媽媽說：「小傑，你要知道兔子牠不像玩具，牠有生命，所以也會心情不好。如果你要養兔子，每天都要花時間陪牠玩哦！爸爸媽媽要上班，還要照顧你，我們沒辦法再抽出時間陪伴牠，所以你也要一起照顧牠，你可以做到嗎？」

小傑聽了，立刻問道：「兔子也會心情不好嗎？」

爸爸說：「當然啦！小兔子天天要自己待在家裡，忍受寂寞，你放學後如果還只顧著和朋友玩，不理牠，牠當然會心情不好，心情不好就容易生病，生病還可能會死掉。如果小傑現在沒信心能夠照顧好兔子，那我們就先等你再長大一點，如果還想養寵物的話，我們再共同討論、決定，好嗎？」

小傑沉默了許久，反覆思索爸爸說的話，想到小兔子的脆弱可憐，擔心自己會傷害小生命，最後默默的點點頭表示同意了。

好好說進寶貝心坎裡的話	孩子最討厭聽爸媽說的話
「爸爸不能任何事都答應寶貝。」	「爸爸什麼事情都答應你唷！」
「親愛的，養寵物需要好好照顧牠們唷。」	「你想養寵物，那麼就讓你養吧！」
「狗狗貓貓都有生命，不能拋棄！」	「寵物養膩不養了，丟掉就好！」
「寶貝兒，要好好愛惜玩具唷！」	「玩具壞了，再買新的給寶貝就好！」

NG 10 為孩子的錯誤行為找藉口

二男：「桌巾害我跌到了！」

奶奶：「都是桌巾不對，桌巾壞壞！」

錯誤示範小故事

二男是個超級喜歡搗蛋的孩子，在屋內，他總是不能安靜地待超過五分鐘，總愛到處活蹦亂跳，把整理好的傢俱弄得亂七八糟。

「碰！」隨著重重的一聲巨響，「哇～哇～」熟悉的大哭聲瞬間響徹客廳。

奶奶趕緊跑過去，如同往常，她已經大致能猜到二男發生什麼事了。

零散的碗公、圓盤、刀叉、筷子……通通翻倒在地上，原來是二男橫衝直撞，不小心絆倒桌巾，整張桌面的容器，都翻了下來，而二男不但摔傷膝蓋，還被餐具砸個滿頭包，坐在地下「嗚嗚」地哭個不停，可能是真的很疼吧！

「二男，告訴外婆哪裡痛？」緊張的奶奶扶起二男，一邊這兒摸摸、那兒摸摸，就生怕寶貝孫子傷到哪根筋骨。

然而，二男卻只是哭個沒完，可能是受到驚嚇，或者是身體疼痛難以忍受，再不然就是怕奶奶生氣會責備他。

「啊，二男不哭不哭，都怪桌巾擋在這兒，才會害二男跌倒，我們打它，打打，打打。」說著，奶奶就往桌巾一直拍打個不停，二男眼看奶奶如此安慰自己，才漸漸地緩和下來不再哭泣……

教育一點訣

很明顯地，二男是因為自己調皮在家裡蹦蹦跳跳，才會連人帶桌巾地摔在地板上，然而，奶奶卻把責任推給桌巾，雖然她的目的是希望安撫孫子驚慌的心情，但是卻徹底混淆了二男對於此事件的認知。二男可能會因此認定自己毫無錯誤，不需要為這個事情負責，甚至往後發生雷同的情況時，也會理所當然地覺得都是其他東西不對。

別教孩子成為慣性卸責者

事實上，這種現象，在寵溺孩子的現代教育中很普遍，例如：孩子意外摔跤，就說地板壞壞；孩子翻倒飲料，就說檯面不平；孩子撞到桌角，就說桌子邪惡……等等。

對許多小孩而言，這樣子的說法，的確能更有效快速地安撫情緒，因為他們潛意識裡正希望逃避歸咎責任，所以當大人把錯誤推卸給那些沒有生命的物質時，孩子們當然會很樂意接受。但是，久而久之，這卻讓孩子養成一種慣於卸責、不敢勇於承擔錯誤的陋習。孩子正處年幼階段，是屬於接受思想、定型性格的時間點，如果讓他們養成不可取的僥倖心態，連承認錯誤的擔當都沒有，扛起自身應該負的責任都有困難，那他以後的人生，又該如何面對挫折與逆境呢？

案例中的二男，頑皮而不慎弄傷自己，所以他本人應該為自己的行為負責，但外婆一句「都怪桌巾，我們打它」，不僅扼殺了小孩承認錯誤的念頭，還也許會讓二男真的以為自己沒有錯，真的應該責怪桌巾；這樣的情況若長期下來，在未來的生活中，當他一遇到什麼瓶頸，就會養成推卸責任的要不得心態。

孩子跌倒時的應變措施

在生活中，即使不是自己主觀犯錯，例如不小心被絆倒、跌傷了，同樣請不要教導孩子把責任怪罪別人！若小孩子受傷了需要安慰，父母們感到心疼，其實可以採取其他方式，例如：一個擁抱：「媽媽抱一下！」，一個同理心：「哎呀，想必很痛吧！」，或是一句鼓勵的話：「我相信寶貝是勇敢的孩子，可以自己爬起來，加油！」

甚至是有些時候，原本孩子並不覺得傷口多麼疼痛、多麼嚴重，但是聽到大人在旁邊大驚小怪，就會下意識地受到洗腦，哭鬧起來，似乎是為了配合父母一樣。

遇到這種情況，父母們要做的並不多，首先可協助孩子爬起來，或者對孩子表達鼓勵與支持，讓他憑藉自身力氣，重新站起來。等待孩子度過受驚嚇的心情，感到平靜之後，再引導孩子總結一下經驗教訓，倘若孩子就是始作俑者，那麼一定要讓他明確知道自己的錯誤，並且引導他承擔責任！

承擔錯誤的絕佳勇氣

德國教育家卡爾・威特曾說：「如果父母時常擔心孩子會受到傷害，而過分誇大危險；或者為了避免孩子受到傷害，而讓孩子失去接

「我們不能為了懲罰孩子而懲罰孩子，
應當使他們覺得，這些懲罰正是他們不良行為的自然後果。」
法國　尚・雅克・盧梭

受鍛鍊的機會，孩子就無法培養出勇氣。」

因此，當孩子絆倒、跌傷時，父母應該做為孩子的引導，幫助他去認識錯誤的原由，而不是一時為了哄孩子，就說出「怪道路」、「怨石頭」這種推卸責任的言語。

在家庭教育中，讓孩子學會道歉是一門不可少的功課。

當孩子有錯誤的行為產生時，家長應耐心向孩子解釋為什麼錯了，錯在哪裡，如何做才正確。孩子不會道歉，是因為是非觀念尚未健全，當孩子意識到自己的行為是錯誤的，道歉就顯得順理成章。

此外，父母需要在第一時間教導孩子勇於認錯，鼓勵孩子知錯就改，給予孩子犯錯時候的安全感，避免對認錯產生畏懼。讓孩子在小的時候就養成好的行為習慣，並讓此習慣變成自然，這對於將來順利融入社會生活，有著非常重要的作用。

正確翻轉小故事

二男是個超級喜歡搗蛋的孩子，在屋內，他總是不能安靜地待超過五分鐘，總愛到處活蹦亂跳，把整理好的傢俱弄得亂七八糟。

「碰！」隨著重重一聲巨響，「哇～哇～」熟悉的大哭聲響徹客廳。

奶奶趕緊跑過去，如同往常，她已經大致能猜到二男發生什麼事了。

零散的碗公、圓盤、刀叉、筷子……通通翻倒在地上，原來是二男橫衝直撞，不小心絆倒桌巾，整張桌面上的容器，都給翻了下來，而二男不但是摔傷膝蓋，還被餐具砸個滿頭包，坐在地下「嗚嗚」地哭個不停，看他哭成那個樣子，可能是真的很疼吧！

專家Point！

- 爸媽要明確地教導孩子分辨是非。
- 必要的責罵，能夠讓孩子變好。
- 長輩帶頭卸責，是極不良的示範。
- 孩子若跌倒，鼓勵他站起來。

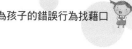

「二男，快告訴外婆哪裡痛？」緊張的奶奶扶起二男，一邊這兒摸摸、那兒摸摸，就生怕寶貝孫子傷到哪根筋骨。

然而，二男卻只是哭個沒完，有可能是受到驚嚇，或者是身體真的疼痛，再不然就是怕奶奶生氣會責備自己。

「奶奶知道，二男是一個勇敢的小男子漢！摔倒了也會自己爬起來唷！」

「嗯嗯……我是勇敢的小男子漢……」小孩子通常聽見大人鼓勵的話，都會信心倍增，所以二男雖然聲音還帶著哽咽，但是很配合地停止哭鬧，馬上靠自己的力氣爬起來，也拭乾了眼淚。

「二男可以告訴外婆怎麼摔的嗎？」

於是，二男把整件事的來龍去脈說了一遍，外婆聽後，拍拍二男的肩膀，說：「那麼，是不是因為你跑太快才跌跤的呢？下一次還會這樣玩嗎？」

二男從剛剛的敘述中，馬上認識到自己的錯誤，搖搖頭說道：「不會了！」

好好說進寶貝心坎裡的話	孩子最討厭聽爸媽說的話
「石頭是無辜的，不是它的錯唷。」	「都怪石頭害寶貝跌倒，我們快踢它一腳。」
「樓梯窄，寶貝要怎麼做才不摔跤呢？」	「要不是樓梯太窄，寶貝也不會摔跤。」
「跑太快會撞到桌角，下次注意唷。」	「不是你的錯，都是桌腳壞壞。」
「樹幹沒有生命，寶貝走路要自己當心哦。」	「媽媽幫你罵樹幹，它不應該長在這。」

NG 11 全盤打理孩子的生活

筱娟：「媽媽，我可以一起做家事嗎？」
媽媽：「這種小事我來做，妳們唸書就夠了！」

錯誤示範小故事

今天是個萬里無雲的晴朗小週末，一家人和樂融融地吃完早餐後，筱娟開始動手收拾餐桌，希望替媽媽分憂解勞，殊不知才剛剛拿起兩個碗，媽媽就阻止她說：「家事媽媽做就好，妳去寫作業。」

「媽媽，今天是週末，沒有作業。」筱娟回答。

「那麼就複習一下功課好了，現在妳是學生，學生的重大任務就是唸書，所以妳專心用功就好了，其它事妳不用做沒關係。」媽媽一邊收桌子一邊說道。

剛吃飽的筱娟，實在超級不想馬上在書桌前坐下來，於是她小小抗議說：「書我會唸，但是我也可以做做家事阿，不然我去洗一下便當盒好了，我自己吃的，總該歸我洗吧！」

「便當盒拿來我洗，妳就去唸書吧！」想不到媽媽堅持著。

自從筱娟上小學以後，幾乎很少做家事，就連洗碗這樣的小事，父母也不肯讓她插手，讓她覺得很無奈，說也奇怪，筱娟並不是特別愛做家事的小孩子，但是越是被禁止，外加又常常看到媽媽腰痠的模樣，反而讓她現在好想參與家事呢。

「媽媽，為什麼妳不願意讓我做家事呢？」筱娟疑惑地問。

「不是不願意讓妳做，是妳現在有更重要的事，就是唸書，既然有媽媽在，可以做家事，妳就不要浪費時間在上面了。」媽媽解釋道。

聽到媽媽這樣回答，筱娟啞口無言，只好乖乖回房唸書。

教育一點訣

課堂之外的重要小事

父母培養下一代的首要任務，就是將他們塑造成具有全方位能力的成熟人。事實上，全方位能力包括「知識」擴充和培養「身體」、「心態」健康等三個方面，因此讓孩子多多參與家事並活動，顯然能達到身心健康的要求。

案例中的筱娟媽媽，只顧及知識擴充的部分，卻徹底忽略了身心健康的重要性，如此培養孩子，他們儼然將成為一位「茶來伸手、飯來張口」的現代小王子、小公主。長期下來，孩子只會應付學校課業，他們又該如何打理自己，在社會上獨立呢？經過筱娟母親的這種教育理念，筱娟會耳濡目染，認為讀書才是唯一的正事，而其它事情都是沒有意義的，不需要去學習與付出關心。

許多父母總是把孩子的課業擺第一位，而忽視了其他方面的教育，如此一來將會得不償失；如果一個孩子只知道讀書、考試、讀書、考試，卻連自己的基本生活面都無法照顧好，那麼他進入社會的時候，將會不知所措。

敗在生活能力上的怨嘆

全世界都在提倡「素質教育」，意即培養孩子的全面發展，在某種意義上，甚至更是側重於建立和提高孩子的「動手實踐能力」。從日常生活中，培養孩子做家事的能力，不僅能讓孩子分擔繁瑣的家務，更能進而培養他們紮實的生活技能，這對於整個人生的發展，其實是絕對不可或缺的。

以下列舉一個國外曾出現的新聞案例，來表達不培養孩子生活技能的後果：「一位匿名為約翰的大學生，在校成績向來是名列前茅，也申請到出國留學的資格，但是，由於他從小到大只懂得埋頭苦讀，在家從來沒有幫忙做過家事，諸如洗衣服等基本生活技能全然都不會，根本無法獨立在外生活，才離開爸爸媽媽不到半年，最後實在受不了果蠅滿天的骯髒宿舍，終於還是逃回家鄉，放棄了前景燦爛的大好機會……」由此可知，生活層面能力的欠缺，看似無害，卻極有可能在關鍵時刻，成為拖油瓶。

實踐力，就是孩子的競爭力

讀書是為了更好的學習，但是學習的途徑卻不只是讀書。仔細體會日常生活中的任何事，不難發現，身邊的一切都蘊涵著豐富的哲理。

而所有來自課堂的「死知識」，皆需要透過「實踐」這一個步驟，才能夠與真實世界聯結起來，成為「得以活用的東西」。

早早提供孩子們去接觸任何生活面的機會，是絕對必要的，身為

「不是你為孩子做什麼，而是你教他們，必須為自己做些什麼，如此一來，才能幫助他們成為成功的人。」

美國　安・蘭德斯

父母一定要具備有這項認知。

讀書並不是生命的全部，現在社會需要的不是只會紙上談兵的軍師，而是需要兼具打仗能力的將士，因此全面發展即是教育關鍵，適當的勞動，有益於身心發展，讓孩子懂得照顧自己，生活技能多多加值，將來也更具全方位的競爭力。

班級之所以會設立值日生、學校之所以會有家政課、早晨之所以會有打掃時間……這些項目，其實都屬於校園教育的一部分，直接提供孩子們勞動學習的機會，培養下一代寶貝們成為勤勞能幹的人；因此，即使是離開學校，父母在家裡面，也應該讓孩子有「自己動手做家事」的體驗，切忌替他們打點好一切。

正確翻轉小故事

今天是個萬里無雲的晴朗小週末，一家人和樂融融地吃完早餐後，筱娟開始動手收拾餐桌，希望替媽媽分憂解勞，媽媽見了心裡非常欣慰，就說：「筱娟好懂事呢，知道要一起做家事。」

「平日都幫不上忙，當然要趁假日好好表現啊！」受到媽媽真心誇獎的筱娟，心頭特別雀躍，聲音愉快地回答。

「媽媽覺得好開心唷，但是，筱娟這週的功課多嗎？還應付得來嗎？」媽媽一邊垂著肩膀一邊說道。

收完碗盤的筱娟，疑惑地問道：「功課量少少的，很快就可以寫完了，

專家Point！

- 生活技能也是一種必備能力。
- 不要拒絕讓孩子嘗試做家事。
- 請孩子共同分擔部分家事。
- 功課與成績不是唯一重要的事。

不過媽媽為什麼這麼問呢？」

「因為媽媽肩膀這幾天特別痠痛。」媽媽問道：「想請筱娟幫忙，去超市買點洋蔥、雞蛋，雖然妳沒去過，但媽媽相信妳沒問題，要不要試試呢？」

「當然可以啊！交給我吧！」筱娟興奮地答應媽媽。

早在筱娟幼稚園的時候，媽媽就已經教她收拾餐具，接著是烘衣服、摺衣服、倒垃圾……，從最簡單的家事開始，一點一點讓筱娟嘗試著去做，雖然她偶而會偷懶，但貼心的筱娟在媽媽疲憊的時候，經常會自告奮勇地擔起家事來。

自從筱娟上小學以後，功課量漸漸變多，她做家事的機會似乎比以前少了，媽媽希望不影響其唸書的時間，並不會逼著筱娟幫忙，但是在她有空檔的日子裡，仍然會適時地丟一些家事讓筱娟去做，希望能夠養成筱娟做家事的好習慣。

「媽媽，那麼我先將功課寫到一個段落，就去買洋蔥和雞蛋，回來我還可以切洋蔥跟打蛋唷。」筱娟提議。

「好！謝謝筱娟的幫忙，今晚就讓妳當個小廚娘吧！」媽媽笑著說。

好好說進寶貝心坎裡的話	孩子最討厭聽爸媽說的話
「除了讀書之外，也別忘記多陪爸爸聊聊天哦。」	「你讀書就好了，別的事情你都不用去管它。」
「寶寶家事做的好，媽媽真開心！」	「家事做的好能幹嘛呢？唸書實際！」
「別一直唸書，也要適時休息唷。」	「學生就是唸書最重要，其他事都不重要。」
「寶貝會跟我一起做家事，好棒！」	「家事是媽媽的事，與你們無關！」

NG 12 擺出低姿態來央求小孩

阿寶：「我要模型飛機、我要……嗚嗚！」

爸爸：「阿寶別哭，爸爸求你了！」

錯誤示範小故事

爸爸帶阿寶去逛百貨公司，阿寶拉著爸爸奔向玩具區，發現了他盼望已久的飛機模型，陳列在大大小小的櫥櫃裡頭，頓時他拉著爸爸不肯走，還嚷嚷著要買！

「前幾日，我們才剛剛買過卡車的模型給你不是嗎？你都還沒全部組裝起來，今天就先不買給你了。」

「嗚哇！」一聽到請求不被爸爸允許，阿寶立刻使勁地放聲大哭起來，整個人將身體拖在地板上，扭動個不停。

這就是阿寶最擅長運用的招數，爸爸最怕他在大庭廣眾下耍賴，也最怕聽到他哭了！每當阿寶拿出這一招，願望絕對會實現。

「好了，好了，別哭了，我們改天再買好嗎？今天爸爸身上沒有那麼多錢。」爸爸巴不得鑽個地洞躲起來，無奈地嘆氣。

阿寶知道媽媽只是在拖延，他才不會中計，於是越哭越大聲，越哭越厲害。

「阿寶，爸爸求你了，爸爸求你不要哭，我們明天就來買好不好？」

聽到爸爸這樣說，阿寶更清楚知道，爸爸就是怕他哭，所以哭得更大聲了，希望讓爸爸妥協，馬上買飛機模型給他，而爸爸站在原地不知該如何是好。

教育一點訣

在生活中，一些家長被孩子整得沒辦法了，經常脫口而出說「爸爸求你了」、「媽媽求你了」，這句話是千萬不能說的，否則表示爸媽已經無計可施，並且想不到其他的解決辦法，只好以這句話當作妥協。

「求饒式教育」讓家長地位不保

當父母向孩子發出這種信號，其實相當不妥，因為吐出這樣的話，就透露出你對孩子實在是沒辦法了，沒招數使了，如果高頻率地講這句話，也就意味著家庭教育的失敗，講沒有用，打也不好，孩子對家長的方法軟硬皆不吃，家長被迫於無奈，只能說「求求你了」，殊不知，越是這樣，孩子越是不會聽你的，孩子一旦接收到這樣的訊息，會更加變本加厲，不僅如此，也會打從內心裡瞧不起父母。

經常哀求孩子，你說的話、你的指令將越來越達不到任何作用，爸媽的地位跟著岌岌可危，將來你也就再也無法管束孩子了，代溝也會更深。

聽到爸媽的讓步與妥協，一些孩子也許會馬上停止任性，但這真的是因為父母求了他們嗎？還是他們剛巧覺得這樣子很累、已經玩夠了呢？而有一些孩子，當他們接收到父母妥協的信息時甚至會得寸進尺，更加不可理喻。

一旦爸媽做出了讓步，便會養成孩子將來得不到的東西就以任性胡鬧的方式來取得的不良習慣，因此父母們必須堅持杜絕這樣的事情發生，在必須管教孩子的時刻，請堅守原則、堅守崗位，千萬不能心軟。

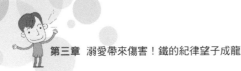

如何對付耍任性的小孩？

極少數的爸媽不曾經歷過孩子在外頭哭天搶地的經驗，小朋友不懂得在乎社會眼光，也較不明白社交禮儀，自制力也相對低，容易在公共場所，給父母一些既尷尬又難堪的課題，這種關鍵時分，究竟該如何對付耍性子的小怪獸們呢？

兒童教育專家建議，父母最好不要用央求的語氣向孩子們說話，必須踩穩自己的立場，採用適當的語言、合宜的表情、恰當的手勢來跟孩子講道理，讓他們主動停止胡鬧行為。

而假如遇到這個孩子是屬於軟硬兼施都不行的類型時，試試看短暫的冷處理吧！故意冷落他、拒絕回應吵鬧，孩子不笨，其實也是很會看眼色的，一旦沒轍，也許就不再鬧脾氣了。

等到孩子眼見耍賴無效，開始停止他無謂的哭鬧，聲音變得安靜下來，這個時候，才是最適合講道理和教育的時候。

不可否認，有時候孩子的哭泣的確有無理取鬧的成分在內，甚至可以說是對大人的挑釁，試探爸媽底線，不懂得遵守規矩。在他心情平復下來後，我們就需要對錯誤的地方進行教育。

首先，專家建議，爸媽先以擁抱的方式，贊同孩子終止哭鬧的行為，通過上面的擁抱，讓子女感受到爸媽的愛與原諒，在這個時刻再次進行說教，也是孩子們最聽得進去的時機。

「既然習慣是人生的主宰，人們應當努力求得好習慣。習慣如果是在幼年就開始，就是最完美的習慣，這個叫做教育。」

英國　法蘭西斯・培根

出「選擇題」給孩子決定權

並且，國外親子教育專家也提出一個論點，那就是父母們請不要對孩子說「不能買」、「不行」等詞語，取而代之的是可給予他們幾種選擇來解決，例如：「你覺得，我們要先將上次買的玩具組裝完成之後再來挑選新玩具，或是下個月再來逛百貨公司的時候順便買呢？」如此一來，孩子不僅心態上容易接受，更能開放孩子擁有自行選擇的權利，使他們學著為自己的決定負責。

為什麼當孩子為買不到東西哭鬧時，不能對他說「不」呢？

專家解釋，這是因為「不」是一種「阻礙性思維」，當父母經常對孩子說這句話時，等於是否定孩子的想法與創造力，將影響他性格上的怯懦，造成容易對任何事猶豫不決等惡習。適時的給予孩子「選擇性思維」，透露出父母贊成孩子的觀點，這時再予以一些選擇途徑，不僅容易讓孩子接受，父母與孩子往往也會因此而達成共識。

正確翻轉小故事

爸爸帶阿寶去逛百貨公司，阿寶拉著爸爸奔向玩具區，發現了他盼望已久的飛機模型，陳列在大大小小的櫥櫃裡頭，頓時他用力拉著爸爸不肯走，還嚷嚷著要通通買回家！

「好帥唷！這幾款飛機模型都做得好逼真啊！阿寶很喜歡它們嗎？」

「是的，爸爸，您也覺得它很帥很帥，是嗎？」

聽到爸爸與自己有一樣的想法，阿寶心情好高興，當然要立刻附和了，他覺得要是爸爸也喜歡，就更有機會讓他買看上的玩具。

「嗯，爸爸小時候也好愛飛機模型，和阿寶一樣呢，你是不是想要現在

專家Point！

- 千萬別動不動就跟孩子妥協。
- 低姿態父母會讓孩子無法無天。
- 別給孩子「吵鬧有糖吃」的印象。
- 開口央求會削弱爸媽的管束力。

馬上把它買回家呢？我可以懂你的心情。」阿寶猛點頭如搗蒜，很開心聽到爸爸這樣說，他認為爸爸立刻就要買給他了。

「但是，爸爸今天已經買了很多東西，錢幾乎都快花完了，這可怎麼辦呢？」爸爸話鋒一轉，接著露出個非常難過的表情，彷彿要是今天沒有買到飛機模型，他會比阿寶還要失望難過。

「那……那……是不是……不買比較好呢？」單純如阿寶，一看到爸爸那個低落的臉色，頓時間也跟著猶豫了起來。

爸爸接著說：「對了，我們才剛剛買了卡車模型不是嗎？你都還沒全部組裝起來呢。還是我們可以下次再買飛機？或者是等你生日當作禮物呢？」貼心的阿寶想了一下之後，便回答：「那就等我生日吧！謝謝爸爸。」

由於爸爸並沒有當場拒絕阿寶的要求，引發他哭鬧的行為，反而是給予阿寶兩種選擇，讓他能自主性地決定何時再來買，所以即使當天沒有買到飛機模型，阿寶依然心滿意足的乖乖回家去了。

好好說進寶貝心坎裡的話	孩子最討厭聽爸媽說的話
「我不能答應你，但是……」	「僅此一次哦，下不為例！」
「還是我們能一起商量呢？」	「好吧，好吧，這次只好聽你的！」
「寶貝別哭，我們再討論看看。」	「別哭了，我害怕了，你贏了！」
「小寶最乖，聽媽媽的話唷。」	「寶貝兒求求你，聽媽媽的話！」

NG 13 常常說年紀小不用逞強

蓉蓉：「我想要煎蛋給媽媽吃，祝她生日快樂！」

姐姐：「妳還小，妳辦不到，妳不要逞強！」

錯誤示範小故事

這天是媽媽生日，五歲的蓉蓉想準備一份禮物，但她不像已經十歲的姐姐有零用錢，無法買東西，於是，她想到了個好辦法！

蓉蓉早早起床，打開冰箱拿了兩顆雞蛋！她想準備一份早餐給媽媽。姐姐聽到廚房傳來聲響，躡手躡腳過來看個究竟，這時蓉蓉已經把雞蛋打好在碗裡，姐姐看見她的時候，她正準備熱鍋。

「蓉蓉！妳在幹嘛！」姐姐開始大呼小叫：「媽！快來啊！」

媽媽聽見呼喚來到廚房，蓉蓉高興地說：「媽媽，早安，生日快樂！今天蓉蓉想要做煎蛋給妳吃。」

媽媽看見小女兒在開火，嚇了一大跳，輕聲斥責：「妳不要逞強，妳還小呢！」說著，就把她從瓦斯爐前拉開，還把火給關上了。

蓉蓉很失望地站在那裡，姐姐跟著幫腔說：「對嘛！妳不要亂學大人好不好，妳又辦不到，萬一弄傷自己怎麼辦？媽媽的生日不就被妳搞砸了嗎？真不懂事！」說完學大人嘆了一口氣，走出廚房。

蓉蓉覺得很難過，喪氣的站在牆角，看著媽媽收拾殘局。

教育一點訣

每個孩子從娘胎出生來到世上，無論就迷信的人所說的宿命論，是為了報恩，或是為了報仇來的，都是一個小小、嶄新、寶貴的生命。從牙牙學語到長大成人，無論是襁褓期、幼兒期、青少年期，每一個階段都有孩子自己獨特的發展特性。

我也想快快長大

前一陣子的某牌飲料廣告裡，就將「大」和「小」，以大小飲料瓶，分別安排成長的大孩子及小小孩演出。當小小孩質疑大孩子為何喝大瓶的飲料時，大孩子回答「大人有大量」時，小小孩不服氣又無奈的看著自己喝的小瓶飲料時的表情，非常經典可愛，也寫實了小小孩恨不得立刻長大，才能像大孩子一樣喝大瓶飲料的心情。

面對孩子這一段「對長大感到渴望」的階段。當父母發現家中的小小孩，凡事總喜歡跟著家中的大哥哥、大姐姐屁股後面跑，他們做什麼，他也要做什麼，完全不考慮他適不適合搬重物或爬高時，也許就是孩子已經來到這種時期了。

哥哥姐姐會做的事，我也會

這一時期的孩子，好勝心特別旺盛，凡事不落大人後。比方說：全家出外踏青時，即使在戶外走累了，沒有人喊累，他也會咬著牙死命撐下去。又譬如說：當小朋友到了睡覺時間，看到大人仍精神奕奕的看書或看電視，為了不想輸給他們，也會找張椅子強睜著快掉下的眼皮，不讓自己入睡。這些舉動在大人看來其實又好氣又好笑、很心疼。明明自己能力不及、做不到的事，往往都要跟著做、搶著做。不僅可能因為做不到而做不好，還可能因此做壞，帶給大人不必要的麻煩。

但對於這個時期想逞強做許多事的小小孩，身為父母的你不妨靜下心想一想，小小孩這麼逞強的背後原因。或許是強烈的榮譽心促使著他，也可能是對於大人或哥哥姐姐的崇拜，更有可能是，他正在努力的擷取、學習，有樣學樣地想成為獨立成熟的人。無論是前述哪一種心理狀態，都是值得被鼓勵的。

小小孩在家中的角色

在不只一個孩子的家庭裡，排行老么的小小孩，總比長子女更會出狀況。然而，對他們發火前，冷靜思考一下，小小孩難道真的是大人口中的「小搗蛋」、「麻煩精」？或者，他只不過是極度熱愛家中所有成員，所以才會像個跟屁蟲，努力關注家庭裡的所有活動，除了證明自己是個有用的小小孩外，還希望能參與多采多姿的生活。

小小孩年紀雖然小，特別依賴、特別黏人，在某些時刻也許派不上用場，很多時候卻扮演著家中氣氛繆著的甜味劑，以及最貼心嘴甜的小天使，也是讓大孩子們有機會學習去妥善照顧的弟妹。

父母和家中的大孩子，應該加倍給予小小孩關心，讓他在充滿愛的氛圍裡度過童年時光。也可以在父母及大孩子的協助下，以不受傷為原則，讓小小孩嘗試各項活動，全家也必定會因此更和樂融融的。

「當父母為孩子做太多時，孩子就不會為自己做太多。」

美國　阿爾伯特．哈伯德

正確翻轉小故事

這天是媽媽生日，五歲的蓉蓉想準備一份禮物，但她不像已經十歲的姐姐有零用錢，無法買東西，於是，她想到了個好辦法！

蓉蓉早早起床，打開冰箱拿了兩顆雞蛋！她想準備一份早餐給媽媽。姐姐聽到廚房傳來聲響，躡手躡腳過來看個究竟，這時蓉蓉已經把雞蛋打好了，聰明的她知道，她不可能像大人一樣，直接把蛋打在平底鍋裡，所以她先打在碗裡，姐姐看見她的時候，她正準備熱鍋。

「蓉蓉！妳在幹嘛！」姐姐開始大呼小叫：「媽！快來啊！」

媽媽聽見呼喚來到廚房，蓉蓉高興地說：「媽咪，早安，生日快樂！今

專家Point！

- 別壓抑孩子想長大的慾望。
- 適時地讓小孩子做各種嘗試。
- 孩子會當跟屁蟲是愛的表現。
- 請勿為了避免麻煩而養成媽寶。

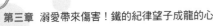

天蓉蓉要做煎蛋給妳吃。」

媽媽聽了非常感動，由衷地說：「寶貝謝謝妳！媽媽好喜歡這份禮物。」

「可是，我做的一定沒有爸爸做的好吃，也沒有姐姐做的好吃，萬一很難吃，媽咪妳會不會很失望呀？」這是蓉蓉一直在擔心的問題，她希望最親愛的媽媽可不要因為她的早餐而失去美美的笑容！

「蓉蓉寶貝放心，媽媽在旁邊教妳做，我們一起做，相信是最好吃的，因為是蓉蓉親手做的呀！裡面包藏蓉蓉滿滿的心意唷！」

接著，媽媽告訴她怎麼開火，之後應該注意哪些事情，油應該要放多少量、大概什麼時候放雞蛋，怎麼翻炒，什麼時候可以起鍋。雖然整個過程的三分之二都是媽媽在做，蓉蓉只是協助，但是，過程中母女倆都覺得很開心，而蓉蓉不僅送出了生日禮物，還學到了一些常識。

最後，媽媽還是提醒蓉蓉，不要輕易地去開火，如果想要做，可以知會一聲，讓媽媽陪著，並告訴蓉蓉，這是因為她的個子還不高，操作上會有些困難，如果沒有大人陪在身邊，不幸發生意外時，是很危險的。

好好說進寶貝心坎裡的話	孩子最討厭聽爸媽說的話
「爸爸會顧好你，你先試試看。」	「你年紀還太小，不能讓你做！」
「哥哥做，寶貝先看一次好嗎？」	「讓哥哥姐姐來做，你才不會！」
「你先試試，也可以請人幫忙唷。」	「別逞強，這個你絕對做不來！」
「為了防止危險，我們一起來。」	「這件事情，小孩子都辦不到！」

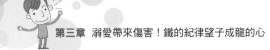

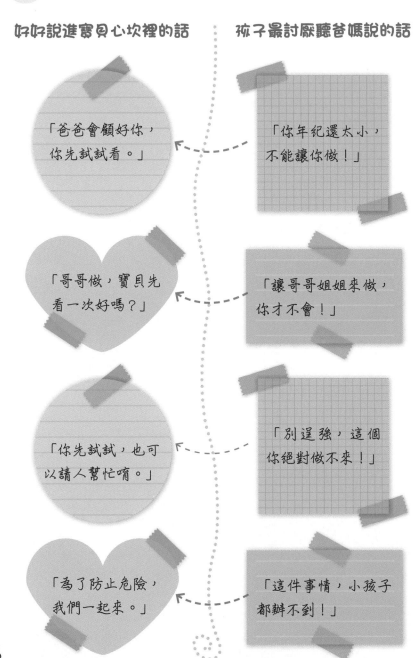

高標準太嚴苛！
理解寬容是挫折鎮定劑

第四章

成功的路上總得先歷經失敗，跌倒與挫折是最好的老師，
請爸媽輕聲指出錯誤，給不知所措的孩子同理與包容，
替他訂定一個合理目標，讓孩子攜帶著愛、步步高升！

NG 14 不容許孩子犯下任何錯

爸爸：「只許成功，不許失敗，一題都不能錯！」

旭東：「……嗚嗚，我失敗了！」

錯誤示範小故事

旭東是個數學才華出眾的孩子，代表學校參加本次的全國數學競賽，校長、老師、爸爸媽媽，都對旭東懷抱著很大的期望。

「旭東，爸爸一直知道你數學能力優秀，這是一個很難得的展現機會，千萬別寫錯了。」搭上高鐵往台北出發前，爸爸叫住旭東：「只許成功，不許失敗！連這都考不好，數學能力也沒多厲害。」對兒子太有信心，開始肆無忌憚的放大話。

「好的，爸爸。」旭東認真地看著爸爸的眼睛，點點頭，就算爸爸不這麼說，自尊心極高的他，也同樣會告誡自己別出差錯。

到了考試教室後，旭東心裡一直唸著：「一題都不能錯！」當考試鐘聲響起的時候，他的腦袋裡，還是裝著這句話：「一題都不能錯。」

萬萬沒想到，過度緊張的旭東胃開始隱隱作疼，導致他書寫的過程中不斷分神，無法專心應付考試，正確解答公布的那天，旭東發現自己連最基本的演算都錯誤百出，犯了各種平時從來不曾出現的粗心失誤，心情極為受打擊。

「嗯……錯那麼多題，我本來對你有信心，覺得你一定拿滿分呢，哈哈！」爸爸試圖想安慰旭東，沒想到詞不達意，反而讓旭東情緒崩潰，眼淚奪眶而出。

教育一點訣

事實上，旭東是有機會在數學競賽中考取高分的，最終失敗，是心理壓力太大，因此而沒有良好地發揮實力。由於他的心裡已經被「一題都不能寫錯」給佔據了，所以旭東無法拿出平日練習時的從容來面對考試。

孩子處在如此沉重的壓力下，為人父母者，非但沒有教給他「平常心」、「勝敗乃兵家常事」的概念，還對他做出「只許成功，不許失敗！」的喊話，對其緊繃狀態無疑是火上加油，催生反效果。當旭東的潛意識接收到這樣的暗示，自然而然會勾起強烈的得失心，致使被龐大壓力給壓垮。

或許，大多數的爸媽會認為，讓孩子把壓力化作動力不是很好嗎？但是，每個兒童的抗壓性與調適力不盡相同，說出這句話時，實際上是個危險的賭注，孩子若敗給心理壓力，那將會使得原本潛能無窮的他，綁手綁腳，發展受限。

韓國的考前放鬆教育法

根據國外的研究指出，爸媽、老師常常對孩子說「不許失敗」，會增加孩子心理負擔，反而容易招致孩子不停地重複失敗的後果。「允許失敗」是身為教育者的寬容心態，能有效緩和孩子的緊張情緒。

在韓國，當孩子考試前，爸媽不會強迫孩子看書，而是邀請孩子玩智力遊戲，或者帶孩子去散步。這樣的教育氛圍下，孩子通常都獲得不錯的成績！根據研究指出，這些爸媽從來沒有對孩子說過「不容許失敗」的言語，當孩子們不用擔心無法達到要求而受罰，自然可以輕鬆地參加考試。即使考得不理想，父母也會說：「沒關係，至少我們發現需要加強的地方了，下次不犯同樣錯誤，就是一種進步！」

「教育的手段與方法應該是快樂的。就像是根吸管，吸進去的如果是苦澀的汁水，另一端流出來的絕不會是甘甜的蜜汁。」

英國　赫伯特・斯賓塞

對這些父母的教育理念，應該讓人引以為鑑。的確，在獲得成就之前，都是透過無數次的失敗獲得經驗，精益求精，才能更上一層樓。爸媽請正向思考：「孩子正從各種失敗中學習經驗，將使得孩子未來勇於面對挑戰。」

成長路上的失敗多麼可貴

孩子還未成年，無法理解「失敗乃成功之母」這麼深奧的真理，身為教育者要引導他們走出誤區。已經有許多父母及教育團體意識到這一點，因此當孩子們害怕失敗，會給予鼓勵，當孩子太過順利時，會為他們製造一些小挫折。

當今的社會競爭非常劇烈，如果孩子有「不能失敗」這樣的荒謬概念，當瓶頸出現時，他們又怎麼有足夠的心理承受力去應對呢？事實上，在孩子能夠負擔的心理範圍內，讓他有受挫感，遠遠比爸媽說「必須成功」更能有所收獲。

孩子並不是彈簧，壓得越用力，並不會彈得越高。爸媽的每一個要求，都必須根據孩子的實際情況而定，超過孩子所能負荷造成他喘不過氣，就不是教育的原意。身為孩子的指導者，除了當孩子壓力過大時，教導他們如何調適，更是要交給孩子正確的人生觀：「失敗也是收穫成功的一種途徑！」

專家Point！

- 失敗不是壞事，它能帶來進步。
- 不要苛求孩子凡事一百分。
- 比起結果，應該看重孩子的努力。
- 教導孩子如何調適緊張的心情。

正確翻轉小故事

旭東是個數學才華出眾的孩子，代表學校參加本次的全國數學競賽，校長、老師、爸爸媽媽，都對旭東懷抱著很大的期望。

「旭東，爸爸一直知道你數學能力優秀，關於這次的考試，你自己有什麼樣子的想法？」搭上高鐵往台北出發前，爸爸詢問旭東。

「這是一個讓我展現實力的大好機會，絕對不能失誤，我希望自己別寫錯任何題目，勢必要拿滿分！」

旭東認真地看著爸爸的眼睛，滔滔不絕的說著，彷彿可以看見眼裡燃燒著熊熊烈火，他一直是個自尊心極高的孩子。

「旭東阿，爸爸認為你是因為熱愛數學而去參加的，並不僅僅是為了拿獎盃！當然，如果考滿分爸爸媽媽一定也會替你開心，但是，最重要的是參與考試的過程，至少你把握住了自我評估的好機會，能夠發覺不足之處，不是嗎？凡事求盡心盡力，後果，或許並不是最重要的唷！」爸爸說出了自己的想法。

「爸爸，你說的很有道理。」

旭東想了想，說道：「沒錯，無論結果如何，我對數學的喜愛都不會變，我突然感到放鬆多了，謝謝爸爸！」

到了考試教室後，旭東告誡自己：「對於這次考試，我這陣子以來已付出了努力，現在是驗收成果的時候，拿出平常心！」

當考試鐘聲響起的時候，旭東已不再緊張。

於是，旭東發揮了平時的數學實力，在數學競賽上，以三題之差，獲得了第五名的優秀成績，爸爸知道之後，開開心心地鼓勵旭東說：「你答對好多題哦，實力堅強！真厲害呢！」

好好說進寶貝心坎裡的話	孩子最討厭聽爸媽說的話
「只錯一題，寶貝好認真呢！」	「粗心錯一題，多麼可惜啊！」
「把錯的地方搞懂，就一百分囉！」	「這次考試為什麼沒有拿下一百分？」
「盡力就好，不要給自己壓力唷。」	「辦不到，我們對你會很失望。」
「今天去補習班學到哪些東西？」	「花錢補習，怎麼還什麼都不會！」

NG 15 孩子總得不到正面肯定

仕原：「媽媽，我打翻水桶了。」
媽媽：「你為何老是成事不足，敗事有餘？」

錯誤示範小故事

媽媽正在打掃客廳，剛睡醒的仕原，則靜靜地待在一旁觀看。看著媽媽掃掃地，又擦擦窗戶，表現慾強的仕原，終於忍不住了，開口詢問：「媽媽、媽媽，我也想擦擦看窗戶，從來沒有擦過，能不能讓我試試？」

「哦！好啊！」媽媽回答仕原：「那麼，你先去那邊，把乾淨的抹布拿過來，我再教你怎麼擦窗子。」

「沒問題！」仕原奔向陽臺，拿了兩條抹布，來不及等媽媽教學，就興高采烈的雙手齊下，在窗戶前面抹過來、抹過去，殊不知一時忽略了腳邊的水桶，「框啷」一聲，把水桶整個都踢翻了，髒水流滿客廳的地板。

「仕原！」媽媽面露不悅，大聲吼道：「你看看你，到底是想來幫忙，還是找麻煩呢？你真的是成事不足、敗事有餘欸！」

「……」挨罵的仕原一聲都不敢吭，任憑媽媽將自己手上的抹布搶過去。

「走開、走開，」媽媽繼續生氣地說道：「既然你只會搗亂，不如還是回自己房間好了，別待在這兒影響我打掃屋子。」

只見仕原眼眶含著淚，轉身靜悄悄地走回自己的房間，趴在床上偷偷地哭了起來，想到自己搞砸了難得的機會，心中盡是滿滿的悲傷。

教育一點訣

原本仕原是想幫媽媽的忙，但沒想到替媽媽添了麻煩，此時仕原的心情一定非常沮喪。根據兒童心理研究指出，每個孩子都有強烈的表現欲望與模仿能力，期望自己可以做大人所做的事，如果能妥善處理，將得到父母們的讚揚，更能增加信心。

仕原也是如此，他看著媽媽打掃，哪怕只是擦擦窗戶，也渴望自己能盡一份心力。不幸的是，翻倒水桶的意外，反而增添了媽媽的困擾。

媽媽這時隨口說的一句「成事不足、敗事有餘」，其實只是根據這件事發表意見罷了。但是，當仕原聽到這種負面評價時，卻不見得會單純認為如此，很可能他會想著，在媽媽心中，我是否就是一個製造麻煩的人呢？顯然地，當孩子認為在媽媽的眼裡自己什麼事都做不好，無疑對孩子是種沉痛的打擊。

批評孩子的尺度拿捏

有些爸媽會因為一件事，口頭上就全盤否定孩子，用傷人的話語，將孩子給界定在不能成事的範圍內，這是種以偏概全的不良教養作風。

在培養心智發育的過程中，孩子從父母的言語，來構築對自我形象的認知，以便來替自己定性，他們深信爸媽所說的每一句話，所以，當聽見父母的否定時，他們就會下意識地認為，自己真的做不好任何事情，這種觀點一旦在孩子們的心理層面留下陰影，他們就會漸漸變得軟弱無能、缺乏自信。

因此，當孩子做錯事時，無論是哪個環節，哪個方向出了問題，適當的批評當然必不可少。但是父母必須謹記一項關鍵，批評就如同讚美般，是種語言藝術。家長可以批評他的行為，但是不可以否定他的整體人格。

如果是某件事做錯了，只要分析出是哪些地方出了問題，接著以這些具體錯誤，清楚明白地對孩子進行批評與教育，而不是一竿子打翻以往良好表現，甚至是否定孩子行為或心意的存在價值。

塞格利曼認為，批評孩子的方式有正確與錯誤之分。而方法正確與否，將明顯影響孩子日後性格的積極樂觀與消極悲觀。

父母對孩子進行批評，要正確運用批評心理學原則與心理藝術，否則就可能適得其反。以下提出三項要點供父母參考：

•恰如其分

過度批評會造成孩子強烈的內疚和羞辱感，但不矯正孩子的行為又會使他喪失責任感，錯失改正不良習慣的時機。

因此，掌握樂觀的解釋性方法，實事求是地闡述問題，並指出犯錯的具體原因，可讓孩子確實明白錯誤是能被改善的。

•合理批評

父母要責備孩子前，首先必須對他們的不良行為進行了解，若不清楚事實而一味的批評，將使孩子產生拒絕的心理。

因此，父母需要非常注意孩子任何具體行為，觀察的越細微越好，

「當你手中唯一握有的工具，是一把鐵鎚的時候，
世界上所有的東西，在你眼裡看來，都變成了鐵釘。」

美國　馬克・吐溫

如此一來，孩子便很容易察覺到自己有的不良習性，因而有助於改正。再加上父母適時地表揚，將能達到良好習慣的養成。

•勿以偏概全

有些父母親喜歡翻舊帳，將以前的事情也一併拿出來訓斥。這種方式容易淡化眼前要批評的主題，最後孩子也不知道挨罵的重點為何，自然也並不知道該如何去改正，因而容易產生孩子的消極情緒，再也不反省。

教育最重要的是，不要輕易幫孩子貼標籤，尤其是負面的、有損孩子積極性、傷害孩子自尊的言語，都該竭力避免，以免讓孩子對自己進行錯誤的自我定位。

天底下的父母都是「望子成龍，盼女成鳳」，渴望孩子修正錯誤，更應該傳遞正確、清楚的指示，成為指引孩子的明燈，以防孩子在摸黑跌跌撞撞中喪失信心。

正確翻轉小故事

媽媽正在打掃客廳，剛睡醒的仕原，則靜靜地待在一旁觀看。看著媽媽掃掃地，又擦擦窗戶，表現慾強的仕原，終於忍不住了，開口詢問：「媽媽、媽媽，我也想擦擦看窗戶，從來沒有擦過，能不能讓我試試？」

「哦！好啊！」媽媽回答仕原：「那麼，你先去那邊，把乾淨的抹布拿過來吧，我再教你要怎麼擦窗子。」

「沒問題！」仕原奔向陽臺，拿了兩條抹布，來不及等媽媽教學，就與高采烈的雙手齊下，在窗戶前面抹過來、抹過去，殊不知一時忽略了腳邊的水桶，「框啷」一聲，把水桶整個都踢翻了，髒水流滿客廳的地板。

專家Point！

- 就事論事，批評不能以偏概全。
- 翻舊帳會混淆孩子對犯錯的認知。
- 適時責罵，告知孩子挨罵的理由。
- 孩子犯小錯，勿太過嚴厲地吼罵。

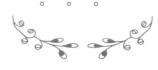

「哎呀，」媽媽微笑地責備仕原：「你看看你，太開心了，沒注意腳下，才會如此粗心，把水桶都給踢翻了。」

「對不起，媽媽我不是故意的。」還處在驚嚇中的仕原，聽見媽媽這麼說，趕緊為了自己的失誤道歉。

「沒關係的，我知道你是急著想幫媽媽，但是下次要多多注意，不要莽莽撞撞的，快點拿抹布把髒掉的地板擦一擦吧！」媽媽摸摸他的頭說道。

「嗯，好的，媽媽，我這就快點擦。」

心中暗自慶幸自己製造的混亂並沒有導致媽媽大發脾氣，仕原乖乖地回答，並且馬上開始動手擦地板。

由於仕原知道自己錯了，所以很樂意接受媽媽的意見和要求：「下次多多注意」以及「把髒地板擦乾淨」。

媽媽輕聲細語地與仕原溝通，也讓小孩子覺得，媽媽對自己相當寬宏大量，因而將忠告謹記在心，往後做事也更加謹慎。

好好說進寶貝心坎裡的話

「沒關係，再加油，下次表現一定會更好的。」

「寶貝有心幫忙媽媽，好乖唷！」

「謝謝寶貝總是幫我們許多忙。」

「寶貝嘗試過了，再接再厲唷！」

孩子最討厭聽爸媽說的話

「你難道任何事都做不好嗎？」

「除了會找麻煩，你到底還會什麼！」

「你從來幫不上爸爸媽媽的忙。」

「我早就已經猜到你會搞砸了。」

NG 16 以嘲諷的方式誇獎孩子的表現

媽媽：「妳也會讀書？妳是不是發燒了！」
毓毓：「……我再也不讀書了。」

錯誤示範小故事

毓毓媽媽剛進門，總覺得哪裡不對，平常愛賴在沙發、巴著電視不放的女兒，今天怎麼會不在客廳？她猜想，是不是毓毓迅速地關上電視電源了？便去摸了一下電視機，卻驚訝地發現沒有餘熱。

如此一來，媽媽心裡覺得更納悶了，女兒究竟跑去哪兒玩了？她一邊嘀咕著，一邊巡視整個家。

「毓毓，妳有在家嗎？」翻遍客廳、陽台、後花園……最後仍然都不見毓毓的人影，於是媽媽索性直接開口問道。

「媽媽，我在家阿！在書房裡！」

「書房裡？」隨著孩子的回應聲，媽媽推開了書房的門，同時心裡想著，毓毓這孩子不知道又在變什麼花樣。

「我在看英文課本，老師上次教到的部分。」毓毓坐在桌前，翻閱一本書。媽媽大吃了一驚，毓毓這孩子平常回家只會抱著電視機，今天怎麼卻看起了課本？懷疑她其實是在看漫畫，於是走過去檢查，居然真的是英文課本！這完全出乎媽媽的意料之外。

「喲！妳竟然也會看書，天要下紅雨了嗎？」媽媽想都沒想地就脫口而出。

「媽媽，妳這樣講是什麼意思？」聽媽媽這麼一說，毓毓很生氣地質問。最後，媽媽發覺自己說錯話，於是敷衍了一番便離開房間。而毓毓卻因為被媽媽的話激怒，索性書也不讀了，一如往常地打起了遊戲機。

教育一點訣

根據前述案例，孩子也許是意識到過去的錯誤，而決定用功學習，或者是心血來潮地想看看書，無論何者，都是一個好的開端，家長應當稱讚她，毓毓媽媽這句半褒半貶的話，卻打消了孩子的學習熱情。

並且，毓毓媽媽還有一系列非常失敗的舉動，就是對孩子的不信任。例如：摸電視機是否有餘熱，來判斷孩子剛剛有沒有看電視；後來看見孩子閱讀課本，她也懷疑孩子正在看漫畫而去證實一番。事實上，毓毓媽媽的這些舉動，雖然起因於孩子過往的不良習慣，但是看得出來，她並沒想過孩子有一天會改過來，因為她從來就不去相信自己的孩子，這也是多數父母們所會犯下的錯誤。

當然，毓毓媽媽說的「喲！妳竟然也會看書！」的確在孩子的心中產生了震撼。或許，毓毓平時貪玩了一點，但她卻從來都沒有受到媽媽的讚許。在此先暫時不探討孩子為何會有突如其來的改變，但是針對她今天的行為，確實是值得受到家長表揚與鼓勵，殊不知迎來的是酸溜溜的諷刺，心裡當然相當不是滋味。

不吝嗇給孩子讚美甜頭

當孩子做了一件從未做過正確的事時，是不是也應該受到表揚與鼓勵呢？

父母們對孩子平時的錯誤言行，批評與責罵想必是少不了，那麼反過來說，當孩子做好、做對了事，為什麼卻鮮少聽到讚揚與鼓勵的話語？這種「只罰不賞」的教育模式，其實與東方根深蒂固的保守風俗文化有關係。

在國外都盛行賞識教育法，尤其是美國，他們衍伸出一種自然教育法，只要孩子擁有好的表現時，父母、老師的評價永遠只有這句話——「太好了，答對八題！」、「太好了，完成了一半！」、「太好了，……」。或許父母會問，「太好了」究竟隱藏什麼魔力？事實上，無論孩子表面上多麼驕傲，內心都是脆弱的，並且時常擔心自己做得不夠好。一句「太好了」彷彿是給孩子吃下定心丸，他們會因此而產生自信，肯定自己的行為，也是孩子努力奮鬥的泉源。

冷嘲熱諷是教育者的大忌

根據研究指出，孩子的心理尚未成熟，他們完成某項活動後所產生的「成就感」只是一種自我認識，與實際標準並無直接關聯，反而與父母、老師、同學等等重要人物的評價密切相關，即便是極其微小的進步，父母若給予鼓勵，孩子就能確實體驗到。

在前述案例中，毓毓之所以會非常氣憤，就是因為媽媽並沒有承認她的做法，並沒有給她成就的喜悅。

「一味地挖苦、貶低，將會導致孩子們的反抗，
反對父母，反對學校，或者甚至是反對整個世界。」
義大利　焦爾達諾·布魯諾

可以設想，毓毓以後或許已沒有心情再去嘗試用功讀書了，因為在她看來，無論怎麼做都是一樣，索性就不進行任何改變。

曾經有人說過，嘲諷是最具殺傷力的武器。父母說出一些語帶挖苦的話，也許本意是想誇獎孩子，或只是想要耍黑色幽默，但是以這種扭曲的方式把話說出口後，意義就變了，哪怕它沒有攻擊性，同樣會對年幼的聽者造成傷害。

在孩子尚未成熟的狀態下，對父母的冷嘲熱諷非常敏感，有時誤解了父母的話，就可能會把原先想做好事、做對事的那份激情給完全打消。

保護孩子的自尊心非常重要，讓孩子擁有動力，充滿幹勁地把事情做好，也同樣是教育者的責任。那些對孩子表現出不信任的父母，或者對孩子獲得好成果時的蔑視言語，完全是對他們的人格侮辱，正在消弭孩子向善的心。

孩子在成長中，是藉由週遭經驗來慢慢建立起自我意識、情感和尊嚴的。身為父母應該以溫和的態度去對待孩子，而不是任由諷刺的話去傷害一顆弱小的心靈。

正確翻轉小故事

毓毓媽媽剛進門，總覺得哪裡不對，平常愛賴在沙發、巴著電視不放的女兒，今天怎麼會不在客廳？她猜想，是不是毓毓迅速地關上電視電源了？便去摸了一下電視機，卻發現沒有餘熱。

如此一來，媽媽心裡更覺得納悶了，毓毓究竟會跑去哪兒玩了？於是她一邊嘀咕著，一邊巡視整個家。

「毓毓，妳在家嗎？」翻遍客廳、陽台、花園……都不見毓毓的人影，媽媽索性直接開口問道。

「媽媽，我在家阿！在書房裡！」

專家Point！

- 嘉獎孩子時，要點出原因。
- 不要用拐彎抹角的方式誇獎孩子。
- 諷刺的言語會傷及小孩的自信。
- 請相信孩子有變好的可能性。

「書房？」隨著孩子的回應聲，媽媽推開了書房的門，心裡同時想著，毓毓這孩子不知道又在變什麼花樣。

「我在看英文課本，老師上次教到的部分。」毓毓坐在桌前，翻閱一本書。

媽媽大吃了一驚，毓毓這孩子平常回家只會抱著電視機，今天怎麼卻看起了課本？瞬間有點懷疑毓毓是否其實在看漫畫，但立刻便打消了這樣的糟糕念頭，媽媽決定信任毓毓，相信她今天的確是突然想看書。

「哇！毓毓今天好乖！自己主動溫習英文功課呢！媽媽看見妳這麼用功，我也好高興唷。」媽媽用讚許的口吻說道，孩子回過頭來，微微地笑了笑。

「妳看，其實媽媽早就知道，我們家毓毓也是愛看書的，媽媽相信妳一定能堅持下去的，對嗎？」媽媽伸手在毓毓頭頂摸了兩下，以示鼓勵。

毓毓點點頭，表示認同。平時都只有挨罵的份兒，好不容易接受一次表揚，想不到被媽媽這樣讚美，心情竟然是如此的愉悅，希望這種良好的氣氛能維持下去，她暗自決定，以後回家都抽點時間看看書好了。

好好說進寶貝心坎裡的話	孩子最討厭聽爸媽說的話
「小寶今天沒有賴床，進步了唷！」	「居然沒賴床，是吹什麼風啊？」
「我就知道寶貝能順利完成。」	「真沒想到妳也能把事情給做好呢。」
「寶貝考試及格，一定都是努力有成果了哦。」	「你考試及格，我看這太陽要從西邊出來了。」
「小寶今天好聽話，爸爸真開心。」	「你是吃了什麼藥，今天那麼乖巧？」

NG 17 父母並沒有理解孩子的委屈

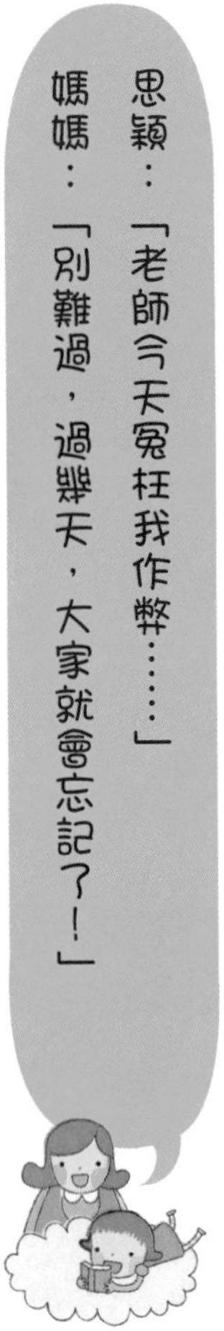
思穎：「老師今天冤枉我作弊……」
媽媽：「別難過，過幾天，大家就會忘記了！」

錯誤示範小故事

「嗚嗚嗚嗚嗚嗚……」才小學四年級的思穎，剛剛放學到回家，就默默進入自己的臥室，低聲地啜泣著。

「思穎，飯煮好了，趕快來吃飯吧。咦？妳怎麼鼻子紅腫成這樣？眼睛也好紅，妳在哭嗎？」媽媽將晚餐端上桌，接著走來思穎房間門口呼喚她。

思穎一邊默不作聲，卻一邊用手擦著眼淚，沒想到卻怎麼擦也擦不乾淨，因為眼淚就像打開的水龍頭般，越擦越潰堤。

這下子可把媽媽嚇壞了，媽媽慌張地問：「思穎，快告訴媽咪，今天妳在學校究竟發生了什麼事？」

思穎終於大哭出來，向媽媽訴說她的委屈。原來今天班導當著全班的面說要罷免她，理由是：她雖然是班長，卻考試作弊。

「老師誤會我了，我沒有作弊，但是她不給我機會解釋，現在連同學們都相信我不是一個誠實的人……」思穎哭著說道。

媽媽聽了頗為火光，憤憤地說：「思穎，別哭了，先出來吃飯。班導怎麼能這麼糊塗，太過分了！我待會兒打電話給她，和她談談，替妳討回公道。」

……

飯後，媽媽專注著清洗碗筷，似乎早已經遺忘了她說過要打電話的事。直到眼睛對上思穎那期盼的眼光，才想起來，說：「思穎等一下，這件事沒那麼急吧！也許明天大家就會忘光光了！」

教育一點訣

「幹部」就是為班上同學做事的人，幾乎是每個孩子在求學過程，都有機會參與選舉的職務。思穎擔任的幹部名稱為「班長」，就是由班上同學投票選出的。

由於班長是民意所歸，更是同學的楷模，身為班長，若是考試作弊，班導認為她不適任，是可以理解的。但是氣得要全班來「罷免她」，這樣的處理方式，無論是基於何種出發點，都是變相的「校園霸凌」，別說是小學生了，一般成年人應該也很不能接受，何況是思穎的親生母親，哪捨得孩子受這種苦？

媽媽的承諾

媽咪看到女兒哭了，第一時間想立刻安慰思穎，協助她解決問題。所以聽到惹哭女兒荒謬的緣由，立刻帥氣的保證，會打電話給老師，討回公道。

要知道，孩子對父母的依賴超乎想像，當家長給予承諾，即便只是簡單的一句話，也是具有巨大魔力的。就如同故事中媽媽的保證，它不僅馬上止住了思穎委屈的淚水，也讓思穎的心裡覺得，有媽咪會幫她出面和班導溝通清楚，隔天上學，她應該也就不用擔心尷尬，這個時候的安全感及幸福感正在上漲。

而萬萬沒想到氣頭已過的媽媽，卻說出自打嘴巴的話，似乎還打算收回先前給出的有力承諾，這句話讓上述的魔力瞬間被抹殺、消失了。

思穎聽到這句話，腦筋應該呈現一片空白，幸福感破滅，原先被壓抑下去的委屈立刻騰跳出來，「原來媽咪剛才是敷衍我的」這個想法，開始在她的腦袋裡面流竄，難以擺脫。搞不好眼淚又會慢慢蘊滿她的眼眶裡，再無聲的掉下來。

孩子委屈的背後原因

婷婷原本為了什麼而哭？

一、是為了要被全班罷免，覺得無地自容而哭？

二、是班導以她考試作弊為理由而罷免她，婷婷覺得受到冤枉，卻又不能有機會替自己的行為進行任何辯駁？

三、是正處於重視同儕眼光的年紀，擔心事件影響到交友圈？

也許以上皆是。

很多家長，在傾聽孩子所受的委屈之後，也許會為了表現出「站在孩子這邊」，表現出一副「爸媽會在背後挺你」的模樣，而急忙批判那些招致兒女傷心的人們，甚至會衝動地前去找對方談判，卻忘了最重要的事：「弄清楚是什麼想法讓孩子覺得委屈」。因此，即便是把對方罵了一頓，罵到他臭頭、道歉、認錯，也不見得能夠解決小孩心裡的心結與不舒適感。

> 「誰要是自己還沒有發展培養和教育好，
> 他就不能發展培養和教育別人。」
>
> 德國　弗里德里希・阿道夫・威廉・第斯多惠

孩子需要的不只是形式上的同一陣線，更需要爸媽在心裡面，也真心與他們在同一陣營。故事中的思穎媽媽，愛孩子的心是有的，卻因為沒能真正了解思穎的想法，才會小看了作弊事件帶來的影響，說出「大家明天就會忘光光了吧」這種孩子聽來相當風涼話，對思穎的傷口造成二度傷害。

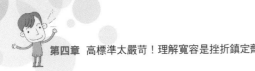

孩子免不了會遇到波折，其實家長不必次次都急著插手，同理心比代為解決更為重要，可以先提出以下幾個問題，試著釐清他們心中糾結的關鍵。

• 第一個問題是：「發生什麼事情了？」

這個問題看起來不起眼，但是絕對不可以忽略。許多成人碰到突發狀況時，會習慣性的自己下判斷：「一定是你先打他，他才會打你。」、「一定是你做錯事，老師才會處罰你。」如果不讓孩子從他的角度說說事情的經過，很可能冤枉孩子。況且，讓小孩有機會說話，即使真的是他的錯，他也會比較甘心認錯。

• 第二個問題是：「你的感覺如何？」

事情經過是客觀事實，當事人心裡受到的衝擊則純然是主觀感受，無所謂是非對錯。很多時候，孩子只是需要把自己的感受說出來、哭一哭、罵一罵，心情就會得到平復。腦科學研究證明，情緒強烈的時候，外在刺激不容易被腦吸收，也就是說，當一個人還有情緒，特別難以聽進別人的話。如果爸媽希望子女能夠聽得進去意見，我們就需要先同理感情，讓孩子的情緒有出口。

親子關係OK繃

當孩子已經因為受委屈而向爸媽求救式的訴說完事情經過時，若爸媽已當場決議要如何幫孩子處理此事時，爸媽就應儘量做到，否則請不要輕易答應。

原因是，大部分的孩子都是無條件信賴爸媽的，所以，爸媽說的每一句話，對已經心靈受傷的孩子來說就是一張OK繃。如果保證無效了；OK繃不OK了，試問，孩子連爸媽說的話都不能信，那他們還能相信誰？

父母面對受到委屈的孩子，除了聆聽他們的困難外，請拿出同理心，感同身受地站在孩子的角度去面對問題、解決問題、放下問題。找班導好好談談罷免班長這件事，也理解班導生氣的癥結點，在孩子與班導的角度中取得平衡，才能客觀擔任孩子與班導間的溝通橋樑。有助其師生關係的和諧，自然也更鞏固了親子間濃郁的親情關係。

專家Point！

- 孩子的委屈需要爸媽的理解。
- 說出口的承諾一定要兌現。
- 不要擅自縮小委屈事件的嚴重性。
- 表面的安慰化解不了心結。

正確翻轉小故事

「嗚嗚嗚嗚嗚……」才小學四年級的思穎，剛剛放學回家，就默默進入自己的臥室，低聲地啜泣著。

「思穎，飯煮好了，趕快來吃飯吧。咦？妳怎麼鼻子紅腫成這樣？眼睛也好紅，妳在哭嗎？」媽媽將晚餐端上桌，接著走來思穎房間門口呼喚她。

思穎一邊默不作聲，卻一邊用手擦著眼淚，沒想到卻擦不乾淨，因為眼淚就像打開的水龍頭般，越擦拭越潰堤。

這下子可把媽媽嚇壞了，媽媽慌張地問：「思穎，妳快告訴媽咪，今天在學校究竟發生了什麼事情？」

思穎終於大哭出來，向媽媽訴說她的委屈。原來今天班導當著全班的面說要罷免她，理由是：她雖然是班長，卻考試作弊。

「老師誤會我了，我沒有作弊，但是她沒有給我機會解釋，現在連同學們都相信我是個不誠實的人……」思穎哭著說。

媽媽聽了頗為火光，憤憤地說：「思穎，別哭了，先出來吃飯。班導怎麼能這麼糊塗，太過分了！我待會兒打電話給她，和她談談，替妳討回公道。」

……

飯後，媽媽問思穎說：「思穎，妳有什麼想和老師解釋的事情呢？」

思穎表示，她考試的時候在抽屜翻來翻去，是在找橡皮擦，課本卻不小心掉到地上翻開來，才會給老師一個偷翻書的錯覺。

再聊了一會兒，大致上明白女兒的想法之後，媽媽就打了電話。班導一開頭就控訴思穎身為班長卻作弊的事。

「老師，思穎是在找橡皮擦的過程將課本翻出抽屜，老師似乎沒有給她解釋的機會。另外，當著全班指責她，太難堪了，思穎現在甚至害怕去上學。」

老師沉默了，對於自己的魯莽感到抱歉，也答應會在班上澄清此事。

好好說進寶貝心坎裡的話	孩子最討厭聽爸媽說的話
「寶貝在意的是什麼地方呢？」	「好啦好啦，你別放心上。」
「親愛的，你一定很在意吧。」	「這點小事，你到底在在意什麼？」
「對方傷到你的感覺是在哪呢？」	「媽媽去罵他，寶貝別難過！」
「寶貝，你有什麼想告訴他的？」	「都已經罵他了，你還繼續難過什麼？」

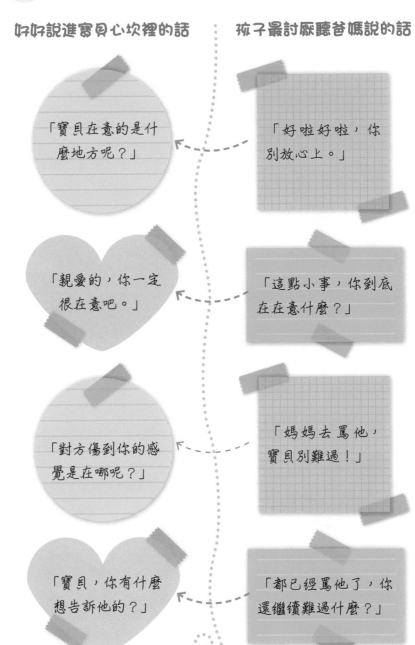

控制狂真要命！
給予空間孩子展翅高飛

第五章

大人世故的單調價值觀，未必適合套用在孩子的身上，
鼓勵孩子專注做自己，他才能在這個世界上找到出路，
充滿無限可能性的單純童年，別搶奪孩子的人生選擇權！

NG 18 干涉小孩的選擇喜好

婉君：「爸爸，讓我學鋼琴好嗎？」
爸爸：「音樂好對未來沒幫助，別浪費時間。」

錯誤示範小故事

「爹地！我進入總決賽了！」婉君一路小跑步，撲進爸爸的懷中放聲歡呼。

「哈哈，什麼總決賽呀？看妳那麼高興……」下班後的爸爸，看到寶貝女兒的甜甜笑容，疲憊瞬間減去了一大半。

「鋼琴比賽的總決賽！報名的同學好多，甄選超緊張的！最後我贏過其他人，獲得最後唯一資格……」孩子興奮地講述著經歷，突然間爸爸打岔：「那是去哪裡比賽？該不會得去上好幾天吧？」

「嗯，要去外縣市比賽，會去一個星期唷！」

「一個星期！」爸爸面色凝重了起來，對婉君說：「那學校課業怎麼辦？數學課、英文課怎麼辦？為了音樂荒廢正課，可就不好了。」

「不會耽誤學業的，我保證，而且老師說我得獎機會很大呢！」

「音樂比賽得獎，有什麼用嗎？」爸爸問。

「會很開心啊！我將來想成為鋼琴家，教其它小朋友彈鋼琴。」

「靠音樂吃不飽的，寶貝乖，聽爸爸的話，這次別去了，先把課業顧好。」

「可是我最喜歡音樂阿……」婉君失望的說。

「要是妳的英文也像音樂好，爸爸就放心了。」爸爸說。

婉君覺得胸口悶悶的，卻又不知道如何反駁，坐在椅子上不發一語。

教育一點訣

對案例中的爸爸而言，當前重要的考試，基本上是以數學課、英文課的成績為主，即使音樂再好，也是不能替代的。雖然現今的教育實際狀況還不如人意，但是，父母的教育目的應是讓孩子健康快樂地成長，而不是一張優秀的成績單！

婉君喜歡音樂，並且得到了不錯的成績，父母最應該給予的是鼓勵與支持，而不是主觀的否定：「音樂學得再好，有什麼用。」

究竟什麼是有用的？什麼又是沒有用的呢？俗話說：「三百六十行，行行出狀元。」只要我們肯努力鑽研，無論哪個領域都會闖出一番成績。父母不能單純認為某些課程重要，就覺得其它都沒有用處。德國詩人歌德曾經說過：「我們不能只按照自己的觀念來塑造孩子，我們必須愛他們，任他們的天性自然發展。」

孩子能全面發展，是每一位父母都希望看見的最佳結果。當他在某方面獲得了突出的成績，父母們卻視而不見，孩子將會大受打擊。

在美國的雅典娜中學曾有一項案例，一位名叫凱蒂的女生以前成績總是維持中等階段，但是她的化學非常棒，連兩次考試，成績都是前幾名。這讓她的老師大為驚訝，並且對她的成績表揚了一番。後來，還不到兩週的時間，這位老師驚喜地發現，凱蒂幾何學的分數也提升了，慢慢地，美國文學、世界歷史都有所進步，最後總成績躋身全班前幾名。似乎化學所獲得的成功影響著她，她覺得這科能有所成就，那別科也一定行。當她攻克了一門課時，便意味著有更多時間去復習別科，而且她也從化學中總結出學習方法。事實上，學習是相通的，

「教育，並不是裝滿一壺水，

而是點亮存在孩子心中的蠟燭，讓他們發光發熱。」

台灣　嚴長壽

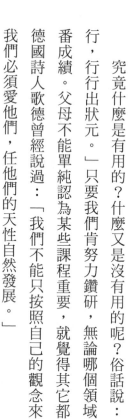

只要有某部分成功，孩子就找到了學習的有效方式。

換個角色來說，如果我們在工作上做牛做馬，上司卻沒有任何肯定的話語，反倒挖苦說，這又得不到什麼經濟效益，我們也勢必會失去做事的積極性。一個有信心的人，做起事情來，總是會意想不到地順利，所以，當父母發現可以幫助孩子樹立自信的事，就好好地利用一下，適時地稱讚他們吧！

各種天賦都是上帝的禮物

最重要的一點，沒有什麼事是絕對無用，只要是值得學習的，那麼它們就沒有優劣高低之分。史提夫·賈伯斯在史丹佛大學畢業演說上說過：「人生無法預先拼出有意義的圖像；唯有在回顧時，才能串連出有意義的軌跡。所以你們一定要相信，現在學習的點點滴滴，將來都會連接起來。」因此，與其時時計較，不如把握當下專注學習。

另外，孩子學習偏重某科目是很普遍的現象，基於自身愛好或天賦等原因，總是有幾門學科比較突出，當爸媽察覺孩子在某方面有超人成績時，應當感到欣慰，畢竟有專長是件好事。對於孩子的潛能，更該用欣賞的眼光去看待，切記不可用世俗價值觀去評論，打消其積極性，應著重各方面能力的培養，開拓孩子往後的人生道路。

正確翻轉小故事

「爹地！我進入總決賽了！」婉君一路小跑步，撲進爸爸的懷中歡呼。

「哈哈，什麼總決賽呀？看妳那麼高興……」下班後的爸爸，看到寶貝女兒的甜甜笑容，疲憊瞬間減去了一大半。

「鋼琴比賽的總決賽！報名的同學好多，甄選超緊張的！最後我贏過其他人，獲得最後唯一資格……」孩子興奮地講述著經歷，突然間爸爸打岔：

「哇嗚，那妳的音樂成績一定很棒了？」

「嗯，當然了，老師說我的琴聲長了翅膀，能帶大家進入美妙世界。」

「是嗎？這是很高的評價呢，婉君是怎麼做到的呢？」

專家Point！

- 行行出狀元，科目無貴賤之分。
- 專長學精，都能成為吃飯傢伙。
- 不要左右孩子對未來道路的選擇。
- 肯定孩子在特定科目的突出表現。

「……」孩子講了許多她練琴的經過，還有總結出來的經驗。

「原來婉君是如此的認真，難怪鋼琴彈得那麼棒呢！既然是妳努力的成果，爸爸怎麼能錯過？音樂比賽我可以去旁聽嗎？」爸爸問。

「但是參加比賽，要請假一星期，我好怕你不答應……」婉君小聲說。

「婉君對課業有責任心，爸爸很高興，但這是妳最愛的音樂，錯過了很可惜，爸爸不想看到妳錯過，我們利用閒暇時間，好好地把英文、數學讀熟，讓比賽不影響到考試成績，妳說，這樣好嗎？」爸爸摸摸婉君的頭，提議道。

「嗯嗯，我想我可以試試。」

「試試把練習鋼琴的方式，運用在英文、數學上，也許婉君會得到意想不到的成果唷。」聰明的爸爸繼續鼓勵孩子。

「好的，謝謝爸爸，您要去陪伴我比賽，太好了！」婉君開心地抱著爸爸。

受到爸爸的鼓勵與肯定，婉君不僅在鋼琴方面表現傑出，在其他科目方面也運用學鋼琴的方式來學習，一點也沒有因為請假而成績退步。

好好說進寶貝心坎裡的話	孩子最討厭聽爸媽說的話
「體育課和同學玩耍，很開心吧！」	「體育課程是最沒用有的課了。」
「寶貝的笛子吹得好，真有天分！」	「笛子吹得再好，但將來能幹嘛？」
「試試用讀英文的方式去學國文如何呢？」	「英文那麼差勁，國文學再好也沒有用的！」
「小寶畫畫真好看，是個小藝術家！」	「別把心思放在那些不重要的科目上。」

NG 19 凡事都要有一個標準答案

媽媽：「照我說的做，才是對的！」
小波：「為什麼一定要有正確答案！」

錯誤示範小故事

「小波，媽媽回來了！」每當小波媽媽在回家後這樣喊，女兒小波就會跑出來，嚷著要媽媽抱一抱她，媽媽也很享受這種和諧的親子關係。

然而，今天小波媽媽在門口喊了兩聲，卻不見寶貝女兒出現，便疑惑地走進房間，原來小波正在組裝她的新玩具「糖果屋」呢！雖然女兒年紀還太小，似乎看不太懂說明書，然而小波自顧自地專心動手拼裝，也顯得相當開心。

這時媽媽發現，小波將煙囪組裝在不正確的位置，便把煙囪拆下來，再裝回去，她告訴小波：「這個煙囪，應該是放在這個位置，而且妳剛剛也裝反了。」

「咦？這個花圃也不是放在這兒的。」媽媽把模型屋拿了過來，按照說明書的步驟開始組裝，嘴上繼續唸著：「妳怎麼都跟說明書裝的不一樣呢？」

媽媽的本意，原本是想教女兒正確的組合方法，殊不知小波心裡產生一股自己的成果被拆解的心情，於是忽地伸手將糖果屋搶了回來。

「不對，我就是想要像剛剛那樣子擺！」小波語帶怒氣地說。

「錯了錯了，妳這樣子就通通都弄錯了，妳看看說明書上寫的，棒棒糖應該都要放在這個位置，才是正確的呀。」媽媽忍不住又開始指導女兒。

就這麼妳一言、我一語地，最後造成雙方以不愉快的情況下收場。

教育一點訣

父母們只要認真觀察孩子玩玩具，就會發現他們的玩法和大人所想的方式不同。在這個時候，是應該學小波媽媽教導孩子最正確的方法呢？還是就讓孩子自己去摸索，慢慢找出較為正確的途徑呢？

孩子的想像世界無限寬廣

看了這則案例，讓筆者想到國外對3～20歲的孩子所進行的想像力測試：

研究員在黑板上畫了一個圈，然後問這是什麼？

大學生帶著不確定的口吻說：「大概是一個零吧！」

再問中學生，想了一下後回答：「可能是零或者字母O。」

最後，研究員又問一群幼稚園的小朋友，他們紛紛舉手搶答。

「是太陽。」

「是向日葵。」

「是雞蛋。」

「是甜甜圈。」

天馬行空的答案一下子讓題目豐富起來，而不再是單調乏味的「零」或「O」。

為什麼同樣的問題卻有如此不一致的答案呢？事實上，中學生與大學生們經過多年的填鴨式教育，只學會機械式地背記知識來應付考試，卻不懂得靈活運用，腦中思維被束縛住後，原本豐富的想像力便慢慢地消失殆盡。

同樣的道理，將這項研究結果延伸到家庭層面上，為什麼一個玩具就不可以有多種玩法呢？說明書上寫著的就是唯一答案嗎？享譽「歐洲全能天才」稱號的小卡爾・威特，其父親從小就讓他自由發揮，教導他並非凡事都要按照標準答案才對。

有一次，小卡爾和別的孩子玩拼圖遊戲，他沒有按照樣圖的指示拼，而是自行將紅色的一塊放到中央。這時，小玩伴制止他，因此吵了起來。雙方父親都過來了解情況後，小玩伴的父親對老卡爾說：「你這樣教孩子是不行的，會養成他不守規矩的惡習。」

但小卡爾的父親卻表示，要啟發孩子的想像就不能讓他凡事都照本宣科，如此一來，將會扼殺孩子的創造力。小玩伴的父親聽了，也覺得很有道理，老卡爾接著又問小玩伴：「他這樣擺不好看嗎？」小玩伴便微笑道：「不會啊！也不賴。」

由此可知，老卡爾對兒子的教育，是充滿啟發性的，他常常讓兒子思考各種問題的不同面向，並且告訴他「任何事並非只有一個答案」，鼓勵他多元思考、善用想像力，以及培養他宏觀的思維模式。

正確答案剝奪孩子的創意

對於成人來說，世界上的每個物種都有其特定屬性，也知道事物都有著它們固定的答案。許多父母都會像小波媽媽一樣，當覺得孩子

「小孩的腦袋像迷宮，繞來繞去有著各種可能；
大人的腦袋像泥沼，除了原地踏步還會使人往下沉。」
台灣　朱德庸

這麼做不符合正常大人的思路時，就會急忙告訴孩子所謂的「正確答案」。

然而，初到世界的孩子們，對任何事物都感到新奇、有趣，認為動、植物都會說話、世上萬物都具有生命，那是因為他們擁有豐富的想像力與創造力！被過往的天才學者們譽為「二十世紀中最聰明的人」。

如果爸爸媽媽總是對孩子說：「這個玩具應該這樣玩」、「這道題目應該這樣解」，那孩子的想像便馬上中斷，創意也將隨之消失。長期下來，孩子將缺乏動腦的機會，無法培養創新的思維模式，致使往後的發展只能依循呆版的模式，很難適應日新月異的社會，如果不想讓孩子成為踏步不前的人，就不要當他的絆腳石。

當然，如果他的行為或思想走偏了，父母應給予提示，但是可以換個語句表達，例如「關於這件事，我的看法是……，你認為呢？」或「那是不是還有別種可能？」用言語帶領孩子多多思考，促使孩子充分發揮想像力，發想出各種可能！

正確翻轉小故事

「小波，媽媽回來了！」每當小波媽媽在回家後這樣喊，女兒小波就會跑出來，嚷著要媽媽抱一抱她，媽媽也很享受這種和諧的親子關係。

然而，今天小波媽媽在門口喊了兩聲，卻不見寶貝女兒出現，便疑惑地走進房間，原來小波正在組裝她的新玩具「糖果屋」！雖然女兒年紀還小，似乎看不太懂說明書，然而小波自顧自地動手拼裝，也顯得相當開心。

這時媽媽發現，小波將煙囪組裝在不正確的位置，開口說：「哎呀，原來這個煙囪還能裝在這兒呀？小波是怎麼想到的呢？」（媽媽表現得如此驚訝，會讓小波覺得，連媽媽也不知道這種玩法，我好聰明！事實上，小孩子

專家Point！

- 讓孩子自己思考，別急著給答案。
- 不要用「唯一正解」侷限孩子動腦。
- 勿輕易駁回孩子的另類想法。
- 一板一眼的教育教出死腦筋小孩。

的表現慾是很強的，因此她會非常樂意地告訴父母們要怎麼做。）

「是呀！沒有人告訴我，是我自己想到的，跟說明書上寫的不一樣，但我是這樣子裝上去的……。」小波開心的回應。

「小波很有創意呀！煙囪裝在這兒，看起來更可愛了！」媽媽高興讚揚道。（適當的誇獎，對成長中的孩子極其重要，不僅如此，稱讚過後，接著提示正確的方法，就更容易被孩子接受。）

「那麼小波，妳覺得花圃這樣擺如何呢？」媽媽邊說邊示範給小波看，小波在觀察的過程中，也同時間進行思考。當然，聰明的小波，最後也能總結出怎麼組裝才是最為恰當的。

「嗯嗯，花圃擺這裡就不會擋到路了，這樣擺更好呢！」小波開心的說。

媽媽一邊陪伴小波組裝糖果屋，一邊和她玩起了扮家家酒的遊戲，母女兩個人就這樣子共同度過了一個愉快又溫馨的親子夜晚。

好好說進寶貝心坎裡的話	孩子最討厭聽爸媽說的話
「寶貝你畫的太陽藍藍的，好美。」	「妳的太陽怎麼會是塗成藍色？這樣畫錯了。」
「這一隻五腳貓咪真是有趣。」	「貓咪應該都要畫成四隻腳才對。」
「一個題目有很多種解法唷。」	「這道數學題要這樣解才聰明。」
「遇到外國人你會跟他說什麼呢？」	「遇到外國人第一句話要說 *hallo*。」

NG 20 掌控孩子的交友選擇

小婕：「媽媽，我今天交了一個新朋友！」

媽媽：「但是她功課不好，妳別跟她做朋友！」

錯誤示範小故事

安親班的接送專車停在門口，小婕飛奔下車，奪門而入，一放下書包，就衝進廚房，向正在切菜的媽媽炫耀：「媽咪，我今天交到了一個新朋友哦！她很聰明，玩起遊戲都第一名！然後，她也很會唱歌，她還會飆高音哦！」

「噢……是噢！那她叫什麼名字哇？她的功課好嗎？」

媽媽慈愛的摸了一下小婕的頭，轉身繼續煮飯。

「她叫咪咪，她的功課不好，考試都是排倒數的。不過，她唱歌真的好好聽！她今天就唱了好多首歌給我聽呢。」

小婕抓起一塊紅燒肉，邊吃邊回答。

「嗯……小婕，媽媽認為，妳最好先不要和咪咪這種孩子做朋友，對妳比較好，因為她的功課那麼差，我怕她把妳也帶壞了。」

媽媽停下了手邊切菜的動作，對小婕擔憂地說。

「為什麼？但是，媽咪……」小婕還想說什麼，但媽媽只說了一句：「聽媽咪的話，妳不可以和這種人做朋友，我們應該只交對我們有幫助的朋友。」

教育一點訣

朋友是什麼呢？朋友是一個人自出生以來，除了家人外，了解社會的一個重要媒介。有句俗話說：「好的朋友會讓你上天堂，壞的朋友會讓你下地獄。」

然而，所謂的好與壞，又該如何去定義呢？其實朋友的好壞，前提都是以交朋友的你為基準去評量的。舉的例子，對於一個重視現實層面的有錢人而言，任何窮苦人可能都是拖垮他的壞朋友；反之，假設這個窮人沒什麼金錢，卻有顆善良的心，對於不在乎物質的人來說，卻可能是個一拍即合的好朋友。

小孩子交朋友的價值觀

對於年紀小小的小婕而言，她對朋友的定義，應該還沒有像大人那樣複雜，能夠去把朋友分為「好朋友」、「壞朋友」的地步，往往只單純的停留在「我喜歡」、「我不喜歡」……等等這些對於朋友的感受上面。

孩子交朋友，隨著不同年齡的階段，會有不同的特質。兒童心理學家莫倫歐布拉博士指出，從兩、三歲起，孩子就開始考慮如何和朋友交往。所以，隨著孩子年齡增長，見識越多，選擇朋友的標準，幾乎是孩子所缺的那一塊，若某個朋友身上有孩子所缺的那個特質，就最能吸引孩子想認識、想結交他成為朋友。

小婕說，她剛交的新朋友，「她今天就唱好多首歌給我聽呢！」表示小婕也是個很喜歡唱歌的人，更羨慕很會唱歌的人，所以，一看到「會唱歌」的朋友，幾乎可以說是如獲至寶，一回家就興奮的與媽媽分享。

求好心切的父母心

父母對孩子交朋友這件事，通常沒有孩子那麼隨意。

從這對母女的對話中，我們看到大人、小孩價值觀明顯的對比差異，小婕心中的交友喜好，讓她覺得新朋友「唱歌很好聽」就是個吸引她與她做朋友的一個原因，而「班排倒數」完全不是會影響她結交朋友的因素。反之，媽媽卻將「功課好不好」這件事排在評價朋友的第一順位，甚至是最注重的要點，若無法符合就否定對方。

出自於對孩子的愛，會在意孩子的交友選擇，甚至是提早設想到日後的各種影響，是為人父母者的反射動作。

一個功課不好的孩子，對於要交朋友的子女，並不是最好的選擇，即便對方身具某些才華與專長，都只是其次。這樣子的判斷，可謂是「士人才有出頭天」的想法，自古以來就根深蒂固，更遑論在以「升學主義」掛帥的現今，是多麼地普遍與無法遮掩。也才讓故事中的小婕媽媽說出「妳不可以和這種人做朋友，我們應該只交對我們有幫助的朋友。」這種聽起來很市儈、很功利的話。

「青少年出於對父母的愛與尊重，不得不放棄所選。這種痛苦足以壓抑人生樂趣，在死氣沉沉的生活中，又增添消極。」

印度　英迪拉・甘地夫人

爸媽勿強行灌輸自己的交友觀

面對課業高度競爭的壓力下，也難怪大多數父母會在孩子交友這件事上這麼嚴厲的把關，但孩子畢竟不是爸媽，孩子是他們自己，為了不讓他們交友的價值觀這麼早就侷限起來，少了生命中結交各種朋友，獲得各種經驗的機會，父母面對這種情況，似乎也可從另一個寬容的角度著眼，不要澆熄孩子新交朋友的喜悅，若新朋友除了功課不好外，其餘沒什麼操行上的問題，父母應該理性地樂見其成。

如果父母真的看重孩子的功課好壞，與其阻止兒女結交成績差的朋友，不如鼓勵孩子和新朋友一起讀書，加強學業上的競爭力。

如此一來，不僅避免過度控制孩子交新朋友而破壞了親子感情，也能將原先以為的阻力轉為助力，若能成功，也順勢幫助其他人家的孩子。如此雙贏的局面，雖然可嘗試、不可預知結果，卻是父母、孩子都樂見，也值得努力的一種方式。

正確翻轉小故事

安親班的接送專車停在門口，小婕飛奔下車，奪門而入，一放下書包，就秒速衝進廚房，向正在切菜的媽媽炫耀：「媽咪，我今天在安親班交到了一個新朋友哦！她很聰明，玩起遊戲都第一名！然後，她也很會唱歌，她還會飆高音哦！」

「噢……是噢！那她叫什麼名字哇？她的功課好嗎？」

媽媽慈愛的摸了一下小婕的頭，轉身繼續煮飯。

「她叫咪咪，她的功課不好，考試都是排倒數的。不過，她唱歌真的好好聽！她今天就唱了好多首歌給我聽呢。」

專家Point！

- 保留交友權給孩子自己。
- 功課好壞並非交友唯一基準。
- 孩子的人生不該是父母的複製。
- 不要隨意地過度批評孩子朋友。

小婕抓起一塊紅燒肉，邊吃邊回答。

「小婕，妳結交了新朋友，媽咪好替妳感到開心唷！小婕一定很喜歡聽她唱歌吧，唱歌好聽的小朋友，真是有才華！」

媽媽一起分享了小婕的喜悅，並且也大大地稱讚了咪咪的唱歌才能。

「我想，妳可以找一天邀約新朋友，來我們家和妳一起唱唱歌，因為媽咪也好想聽妳們唱歌。」

媽媽停下手邊切菜的動作，對著小婕說：「然後也一起讀讀書，因為功課也是很重要的唷！如果妳能教會咪咪如何唸書，讓她成績變好，看見自己的功課進步，她應該也會很開心唷！」

「真的可以嗎？媽咪，太棒了！我明天就和咪咪說，我們就先一起寫完功課，接著再一起唱唱歌！」

小婕兩眼閃著興奮的光芒說道。

好好說進寶貝心坎裡的話

「寶貝，我們可以鼓勵同學們一起來唸書！」

「原來他是你朋友，他有什麼優點？」

「親愛的，你和他一起玩是因為很投緣吧？」

「寶貝的朋友好有才華呢！」

孩子最討厭聽爸媽說的話

「功課不好的人，都是壞孩子！」

「你千萬不可以和他這種孩子做朋友！」

「和這種人交友，有什麼好處？」

「她只有體育這門科目強，才不配成為妳的朋友！」

NG 21 對孩子的情竇初開過度反應

家碩：「我覺得班上有一個女孩真可愛。」
媽媽：「你才幾歲，交什麼女朋友？」

錯誤示範小故事

「雅惠，圖畫紙很重嗎？分一疊給我，讓我幫妳拿吧！」班長家碩不由分說，就半強迫地從學藝股長雅惠手中拿過部分的圖畫紙，希望減輕她的重量。

兩人肩並肩走回班上，才剛進座位，一群男孩子見狀，就壞壞地嘲笑，起鬨著：「哦！又是班長幫雅惠搬東西啊？好有愛心哦！好有心唷！好有愛唷！」

「你們幹嘛這樣胡說！班長只是剛好路過，就順便幫忙拿了。」雅惠紅著臉，裝作兇狠地大聲回嗆著。

……

放學之後，媽媽逼問家碩：「我聽同學的媽媽說，你好像正在喜歡學藝股長雅惠，有這麼一回事嗎？」

家碩愣了一下，紅著臉，點點頭說：「我覺得雅惠是一個很可愛的女孩。」

媽咪瞪大了眼睛，不可置信地說：「什麼跟什麼？你才小學六年級耶！怎麼就在想這些呢？你才幾歲，談什麼戀愛？交什麼女朋友？」媽媽越說越大聲，傳入校門口的同學們耳中，大家偷笑並且竊竊私語了起來。

家碩被潑了一頭冷水，又見媽媽不懂得控制音量，不悅的抗議：「我只是欣賞她，又沒有說要交女朋友，妳可以小聲一點嗎！大驚小怪！」

隔天這段對話在班上傳得沸沸揚揚，雅惠開始躲避家碩的幫助，甚至連對話都越來越少，最後兩個好朋友形同陌路。

教育一點訣

男女間的愛情，自古以來就不曾落架過。而情愫的產生，除了費洛蒙造成男女互相吸引，也可透過彼此相處探索，慢慢學習男女雙方、兩性間的所思所想差異，互相尊重、互相契合，而延伸為子孫繁衍、陰陽調和，最終也呼應了大自然生生不息的生命循環，是再自然不過的生命歷程。

當孩子的愛情能力萌芽時

孩子也是一個生命，當他成長到已了解男女有別、互相吸引時，就是愛情能力萌芽的開始。孩子對於男女間的愛情定義，就像他成長各階段中，如同生命中所有事情的發生一樣，包括交朋友、養寵物、兄弟姐妹相處……等等，最初都沒有太多想法，只單純地從「喜歡」、「不喜歡」為出發點。

而因為喜歡，所以會注意到他（她）任何的舉動，常常喜歡接近對方，和對方說說話；或反向的對對方做出無傷大雅的惡作戲，以引起對方的注意及反應。反之，因為不喜歡，當然就沒有上述費洛蒙作祟所引起的種種出格舉動。

家碩正處於半大不小的小學生階段，也許透過與女同學的相處，或者透過學校健康教育課上了解到男女有別。知識上的傳遞與吸收，也許沒什麼感覺，但當他認識了同班同學學藝股長雅惠時，竟在相處日久後，漸漸產生「喜歡」的感覺。

所以，男同學的起鬨應該不是空穴來風，可以猜想家碩不只一次幫她拿東西了，這就是家碩常想藉機接近雅惠，只為了「我覺得她是一個很可愛的女孩」這麼簡單的理由，也是孩子情竇初開的可愛之處。

放寬心面對階段變化

父母對於孩子已成長到「喜歡異性」這件事，由於人人都是第一次當父母，通常也會手足無措，不知該如何做出反應。

當媽媽得知家碩喜歡雅惠這件事，因而說出「你才幾歲，談什麼戀愛？交什麼女朋友？」這種否定的話語時，除了是因孩子突然進入到下一個階段，而感到驚慌，佔更多的理由應該是——孩子年紀還太小，正是以學業為主的階段，談戀愛會使孩子分心，所以並不該在這個階段發生——的心態。

但又誠如家碩在得知媽媽的反應時，所說的「我只是欣賞她，又沒有說要交女朋友，大驚小怪！」，這裡已經點出媽咪對家碩「喜歡異性」這件事的過度反應。

其實，隨著孩子一天天長大，成長階段會經歷的每個階段，都會逐步來臨。就像開始會爬、開始會站、開始會行走一樣，戀愛這件事，也是其中的某個階段。有的孩子比較早萌芽，也許在國小階段就有喜

「對雙親來說，家庭教育首先是自我教育。」

俄國　娜傑日達・康斯坦丁諾芙娜・克魯普斯卡婭

歡的人，甚至成為班上同學們公認的男女朋友。有的孩子則比較晚熟，一直等到大學階段，甚至出社會之後，才談人生第一次戀愛。

男女間的愛情是無法用尺去量，用秤去稱斤兩等。即便是出現在難以開花結果的幼童階段，愛情都有它的價值，也需要爸爸媽媽給予尊重。

父母的疑慮是可以解決的

無論愛情發生在哪一個階段，既然已知這是不可抗的人生轉變，不如坦然地接受。父母的角色，都應先不驚慌，要穩住，審慎考慮後再好好和孩子溝通。而非強制的以父母權力、以學業為主為由，狠心腰斬萌芽的戀愛種子，難保孩子不會對父母產生反抗心裡，甚至出現「你不要我交女朋友，我越要交給你看！」的反向後果，或者是扭曲了孩子對愛情的觀感，埋下日後可以談戀愛時的心理陰影。

父母如果真的不放心，可以充分和孩子溝通，表達父母的疑慮，交換彼此的所思所想。若由此判斷出孩子並沒有太多自己的想法，只是想跟流行，同學在戀愛他也想戀愛，就可委婉對孩子分析這階段談戀愛與不談戀愛的優缺點，好好進行親子溝通。

不同年齡的交友需求

根據人類學家的研究，孩童在發展人際關係的時後，前前後後會分別經歷——無性別期、同性朋友、同性密友＋異性朋友和異性密友期……等等不同的階段。

一般來說，小學生都仍處在同性朋友期，而青春期則會漸漸進入同性密友和異性朋友這兩個階段，孩子們會渴望有推心置腹的同性手帕交，也喜歡擁有一群性別與自己不同的異性好朋友。但由於社會資訊一直過度強調愛情與情欲，受到影響，很多孩子會誤以為自己對異性的欣賞與好感，就是所謂的愛情，而掉入分辨不清的漩渦中。

如果父母能對於交友階段有正確的認識，並且抱持著健康的態度，便不會一味認定孩子有異性朋友就是在談戀愛，如此也能幫助孩子進一步釐清自己的觀念與感受。

父母甚至可以鼓勵孩子跟異性保持朋友關係，不需刻意劃清界線，拒絕往來，甚至從中摸索自己適合哪種類型的人，有助將來擇偶時的選擇。

當對於孩子的異性交友圈感到不安時，爸媽請試著回到自己的青春期，回想自己十七、八歲，甚至更早的十二、三歲，心裡在想什麼？感覺又是什麼？希望父母怎麼對待自己？比照自己的成長經驗，更能同理孩子現在的心情。

正確翻轉小故事

「雅惠，圖畫紙很重嗎？分一疊給我，讓我幫妳拿吧！」班長家碩不由分說，半強迫地從學藝股長雅惠手中拿過部分圖畫紙，希望減輕她的重量。

兩人肩並肩走回班上，才剛進座位，一群男孩子見狀，就壞壞地嘲笑，起鬨著：「哦！又是班長幫雅惠搬東西啊？好有愛心哦！好有心唷！」

「你們幹嘛這樣胡說！班長就只是剛剛好路過，就順便幫忙拿了。」雅惠紅著臉，刻意裝作兇狠地大聲回嗆著。

……

放學之後，媽媽逼問家碩：「我聽同學的媽媽說，你好像正在喜歡學藝

專家Point！

- 欣賞與愛都是美好的本能。
- 別過度放大孩子對異性的欣賞。
- 請勿否定孩子想談戀愛的想法。
- 分析過早戀愛的優缺點給孩子聽。

股長雅惠，有這麼一回事嗎？」

家碩愣了一下，紅著臉，點點頭說：「我覺得雅惠是一個很可愛的女孩。」

媽咪瞪大了眼睛，卻深呼吸、沉住氣，停頓了一會兒才說：「原來我的兒子長大了，已經到了會欣賞女孩的時候了！媽媽也覺得雅惠是一個可愛的孩子，但家碩寶貝，欣賞歸欣賞，媽咪還是要提醒你，過度沈溺在戀愛中，有可能會耽誤到學業，學業還是相當重要的事情，你可要注意哦！」

家碩聽進了媽咪的建議，點點頭說：「媽媽，您放心。我知道我年紀還小，要以課業為重。我只是欣賞雅惠，還沒有打算要交女朋友，要交也是等高中吧！」

聽了兒子的話，媽媽鬆了一口氣，繼續機會教育家碩：「寶貝你有這概念，媽媽就不用擔心了。再提醒你，考慮到雅惠的感受，平常你們的互動方式也要多注意，避免被別人說閒話，惹女生傷心，男女相處還有很多學問的呢！」

好好說進寶貝心坎裡的話	孩子最討厭聽爸媽說的話
「異性朋友能讓你更了解男生。」	「寶貝，妳不要和異性接太近！」
「男女有別，相處上寶貝要多注意唷。」	「你和那個女生那麼好，這樣對嗎？」
「就算交男朋友，也不能輕易地荒廢課業唷。」	「小小年紀，不要亂交男朋友！」
「親愛的，你欣賞那女孩哪裡呢？」	「暗戀？你才幾歲，會不會太誇張！」

人比人逼死人！
認同鼓勵催化學習動機

第六章

人外有人，天外有天；盲目比較，僅是揠苗助長愚蠢行徑，
父母親認同的小孩，心裡才會產生自我肯定的堅強勇氣；
唯有賞罰分明的爸媽，才能教導出自信獨立的下一代。

NG 22 用「分數」、「排名」來衡量孩子

爸爸：「沒考前三名，你的人生完蛋了！」

文達：「真的有這麼嚴重嗎？」

錯誤示範小故事

「文達，期末考的成績單拿來給我看看。」爸爸在書房中，一邊盯著電腦螢幕，一邊敲敲打打鍵盤，一邊用命令的口吻說道。

戴著厚厚黑框眼鏡的小五生文達，怯生生地把成績單放在爸爸的書桌上。

爸爸拉過成績單一瞧，嚴厲地問：「咦？第四名，怎麼會比上次退步了兩名？連前三名都沒有擠進去，你到底是怎麼回事？」

「有幾個題目，我考試之前沒有搞清楚。」文達把雙手放在背後，十根手指頭不停地互相扭抓著，手汗流了滿手心。

「這算是什麼理由？我不是花錢讓你加強補習，就是為了拿回第一名耶，結果

你指考出這種成績，不進反退，你是不是想氣死我？」爸爸有點氣憤的質問。

「我有努力看書，可能是之前有點感冒……」文達小聲回答。

「我不要聽你找這些爛藉口！給你補習，就是要拿好成績，要拿至少前三名！如果你連在學校都沒有前三名，你的人生未來會有什麼出息？那些排名在三名之外的同學，想也知道將來很慘！考不上好學校，人生就完蛋了！」爸爸大聲說道。

教育一點訣

「讀書」、「考好成績」、「名列前茅」，一直以來就是所有莘莘學子的夢魘。每個孩子的資質不同，並不都是讀書的料，但在義務教育的規範下卻都要讀書。

文達的爸爸應該是個希望孩子藉由讀書出人頭地的家長，所以他願意花錢投資孩子的讀書學習，只為了孩子未來能一切順遂。

不可諱言，這也是一種父母對孩子的愛，只是這種愛，不是每一個孩子都能承受的，畢竟人人擁有的天賦不同，不見得都落在讀書這個項目上。

文達的功課已常常是班上前段班了，從他本次得取第四名，爸爸卻不滿意，以及上次考了第二名，爸爸就再花錢讓他加強補習來看，文達爸爸的標準，可真是高於常人。

也許文達長期背負的課業壓力過重、馬不停蹄地看書太過疲累，才會導致免疫力下降，引起一場感冒，反而退步了。

爸爸責怪文達沒有盡力，但文達沒有話要說嗎？也許他想說的是「爸爸，我好累，可不可以不要考第一名？」，或是「爸爸，我生病了，你可以對我偶而寬容一些些嗎？」

孩子，讀書才能出人頭地？

人常說：「望子成龍，望女成鳳。」這幾乎也是現今每個家長對孩子的期望。但會讀書的孩子，就一定未來前程一片光明；不會讀書的孩子，就一定未來前程一片黯淡嗎？

答案絕對是「不一定」。以臺灣兩個企業龍頭為例，人稱「經營之神」、「臺灣的松下幸之助」的台塑集團創辦人王永慶，眾所皆知，他的學歷只有國小畢業，卻用其智慧及毅力打造了企業王國，甚至成為臺灣首富；鴻海集團的創辦人郭台銘，他只有中國海事專科的學歷，也因為知人善任，以霸王之姿縱橫商場，不僅讓鴻海成為臺灣大企業，

「硬塞知識，引起人對書籍的厭惡；這樣就無法得到合理的教育所培養的自學能力，反而使這種能力不斷地退步。」

英國　赫伯特．史賓賽

也多年名列世界知名的富士比億萬富翁之列。

由上述可見，讀書是獲取知識的一種方法，但若想要在社會上出人頭地，還需有毅力、決心、勤奮與智慧，才能在挫折與不斷堅持中成就一片天。而如果是欠缺「讀書」這項天賦的人，也可以靠其他部分的補強，闖出一番名堂。

爸媽是開啟天賦的鑰匙

許多父母會一味要求孩子要把書讀好，但誠如前述，並不是每個孩子都是讀書的料，都能好好的把書讀好。就像有美術天分的孩子，要他算數學，要他死背國文，表現的也許不盡如人意，但若要求他畫一幅畫，可能就會讓眾人驚豔了。

所以，父母幫助孩子打造未來成功的基石，路不只一條。一開始不知道孩子的專才及學習特長在哪裡，先從課業上要求，如果課業表現不如人意，父母應退後一步，審慎考慮，是否子女的專長並不在讀書，是時候該發掘孩子的其它專長，再因材施教了。

若每對父母都將讀書看作是出人頭地唯一的路，那麼，世界上那些知名的藝術家、音樂家、體育選手，不就注定要一輩子埋沒才華，成為平庸的人，我們也不會有莫札特、畢卡索這些流傳千古的美好作品得以欣賞了。

正確翻轉小故事

「文達，期末考的成績單拿來給我看看。」爸爸在書房中，一邊盯著電腦螢幕，一邊敲敲打打鍵盤，一邊用命令的口吻說道。

戴著厚厚黑框眼鏡的小五生文達，怯生生地把成績單放在書桌上。

爸爸拉過成績單一瞧，按耐住自己輕聲地問：「喔？第四名，考得還不賴！但是你應該有第一名的資質，你自己對這次的成績有什麼想法？」

「爸爸，我也覺得自己其實可以考第一，因為有幾個題目，我考試之前沒有搞清楚，才會落到第四名。」文達把雙手放在背後，十根手指頭不停地互相扭抓著，手汗流了滿手心。

專家Point！

- 小孩天資有差異，需因材施教。
- 學習求盡心即可，請勿完美主義。
- 天賦無貴賤，都是上天的禮物。
- 爸媽是孩子找尋天賦的關鍵角色。

「文達，排名不是重點，重點是不會的地方弄懂了沒。我們之前討論過，你希望要加強一些科目，所以讓你加強補習了，怎麼成績反而退步了？」爸爸雖然替文達感到惋惜，但看到兒子的表情，心裡實在不捨，他希望好好開導他。

「我其實有努力讀書了，只是之前有點小感冒，精神不太好，所以考試當天並沒有考好。」文達小聲回答。

爸爸聽了，「我知道了。文達，你可能給自己太大壓力，才會在考試之前生病，其實學習應該是件愉快的事，爸爸不希望你太緊繃。現在考完了，好好休息幾天。之後你再趁著暑假，把不足的地方慢慢補回來好嗎？」

說完，爸爸摸摸文達的頭，對他鼓勵的一笑。

「好的，爸爸，我知道了。」文達看起來心情好了一些。

「不管怎麼說，這樣子的成果已經相當厲害了。給自己一點鼓勵與犒賞吧，今晚爸爸帶文達去吃大餐如何？」爸爸爽朗地說道。

好好說進寶貝心坎裡的話	孩子最討厭聽爸媽說的話
「書盡力讀，別給自己太大壓力。」	「成績差的小孩，能有什麼出息？」
「寶貝，要不要調整讀書方式呢？」	「班排倒數，以後出社會也倒數！」
「親愛的，你的足球踢得很好呢！」	「數學都考不及格，你完蛋了！」
「寶貝，你對學才藝有興趣嗎？」	「書都讀不好，你將來還能幹嘛？」

NG 23 拿孩子和別人做比較

媽媽：「小安會的事情，為什麼妳就不會？」
言言：「妳比較愛小安，不愛我！」

錯誤示範小故事

「媽咪、媽咪，快點幫言言綁辮子。」言言著急地說。

「言言，媽媽正在準備早餐，抽不了身呢！妳學著綁一下吧！」媽媽在廚房裡忙著，一邊烤吐司，一邊煎蛋，一邊按下咖啡機的開關。

「不要啦，媽咪幫言言嘛！言言不會自己綁。」言言踢著腳，鬧脾氣地說。

「都說媽媽在忙了，妳怎麼還這樣鬧，綁辮子又沒有多難，媽媽幾乎每天都幫妳綁，妳今天試著自己來嘛！」媽媽不耐煩地回應道。

「不要！我就要媽咪綁！我就要媽咪綁！」言言開始越吵越大聲。

「妳這個不懂事的小孩！」

禁不起言言一再地吵鬧，媽媽忙完廚房裡的事情，最後還是去幫她編辮子了，但是卻一臉不高興地說：「妳怎麼不看看妳的同學小安，人家和妳一樣讀五年級，上次來我們家玩，我就看到她自己綁辮子，為什麼她會，妳就不行呢？」

言言聽了覺得很難過，認為在媽咪心中，小安比她優秀，因此開始對小安產生嫉妒的感覺，當天去學校就故意不跟小安玩耍，日子漸漸過去，這件事深深影響到兩人之間的友誼。

教育一點訣

回頭看看案例中言言媽媽說的話，能體會她只是希望女兒獨立，然而她沒有正確表達清楚，反而引起言言對媽媽、小希的負面觀感，這是普遍父母最容易犯下的語言毛病。

揠苗助長的盲目比較

一般父母的常見通病，就是習慣拿自己的孩子與別人相比較，總認為自己家的孩子必須是更加傑出的那一個才行。

例如：兩個小朋友在相同學習條件下學數學，若自己孩子的成績落後，爸媽心裡難免會出現「別家的孩子都會，為什麼我的孩子都不會」的念頭，甚至是當著孩子的面就說出這樣的話來，使得孩子產生「攀比」的心態，或者是衍生出心理上的自卑。

儘管在我們社會上求生存，競爭必不可少，但是身為教育者、指導者，應該考慮孩子的心理承受力和理解能力。由於小孩子心理尚未發展成熟，明辨是非的能力仍很弱，難以分辨出什麼是「正確的競爭」，而什麼又是「盲目的攀比」，只會針對父母所說的話去進行字面翻譯，若為人爸媽者沒有慎選用詞，最終造成的誤解，不僅讓親子關係蒙上一層陰影，更進而影響孩子們的價值觀。

根據兒童心理學家分析，在言言往後的生活中，將出現兩種情況：一、她什麼事都要和小安比，甚至連一些壞習慣也開始進行比較，因為她認為不能輸；二、因為禁不起被否定的打擊，漸漸地封閉起來，不再嘗試成為獨立的人。

僅僅簡單一句話，就造成孩子心中不可抹滅的陰影，這是多麼令人恐懼的結果。

事實上，如果父母處理不當，情況就會如此。所以爸媽不能三不五時就拿孩子做比較，更不要說出「為什麼別人行，你就不行。」之類的話。孩子脆弱的心靈，容易因此而大受打擊，甚至一蹶不振。

學業上的不良競爭

有些父母總是特別重視子女的學業成績，若孩子的班排、校排不如預期，「為什麼誰誰誰就可以考出那麼好的成績？」這種台詞馬上脫口而出。姑且不論孩子面對這句話時，會不會感到壓力，至少已經影響到他的心理狀態。

事實上，孩子當下的發展或成績，並不能立即決定他往後的成就，以下便有兩個例子證明，愛因斯坦四歲才會說話、七歲才會認字，老師經常說他「反應遲鈍，滿腦子不切實際的幻想」，但是，他最終卻貢獻了偉大的「相對論」；數學大師吳文俊，從事數學研究長達半個世紀，是中國最具國際影響力的數學家之一，但是你可知道，如今揚名海內外的大師，也曾經有過數學考零分的紀錄嗎？

類似的例子還很多。想要激勵孩子，並不是說一句「為什麼別人行，你就不行？」這種激將法來解決的。最正確的做法，是要引導孩子採取有效的措施，並配伍上鼓勵的話語，來協助他們獲得良好進步。

「教育人和種花木一樣，首先要認識花木的特點，
區別不同情況，給予施肥、澆水和培養，這叫因材施教。」
中國　陶行知

不僅如此，除了課業本份之外，培養孩子的其它嗜好，有興趣的休閒活動，對於孩子的身心健康，也是絕對不可或缺的。如果時間分配上只剩下百分之百的讀書，那恐怕會培養出一個死讀書的書呆子，找到幾項能夠調解壓力的興趣，絕對是能夠增加學習效率的好辦法，也避免孩子長大後成為沒有「享受生活」能力的木頭書櫥。

攀比並不會給孩子上進心

有的爸媽，總是希望孩子成績名列前茅，好還要更好，逼得太緊，完全忘了要給子女喘息的空間。如果因此讓孩子因為高度壓力，反而對讀書失去興趣，改為叛逆式的不想讀書，那就適得其反。讓孩子在每個升學階段，都能以對的方法去學習，盡力而為即可，並非不斷地以誰家的孩子為目標、以誰家的孩子為競爭對手。

依據研究顯示，孩子的心是非常脆弱的，儘管他們年紀很小，但一樣有自尊心。如果父母經常拿自己的孩子與別人相比，不但會讓孩子形成一種攀比的習慣，更嚴重還會造成小朋友之間失和。而且，當父母說出這種不負責任、沒有任何意義的話時，孩子並不會因為這句話而產生上進心，解決掉根本問題！所以，父母必須摒棄那些阻礙孩子健康發展的說法，幫助孩子建立健康的心態。

正確翻轉小故事

「媽咪、媽咪，快點幫言言綁辮子。」言言著急地說。

「言言，媽媽正在準備早餐，抽不了身呢！妳學著綁一下吧！」媽媽在廚房裡忙著，一邊烤吐司，一邊煎蛋，一邊按下咖啡機的開關。

「不要啦，媽咪幫言言嘛！言言不會綁。」言言跺著腳，鬧脾氣地說。

「言言今天想綁什麼樣的辮子呢？妳先把頭髮梳順了，媽媽忙完廚房裡的事情，馬上來教言言好嗎？」媽媽從廚房探出頭來，輕輕地說道。

「好的，媽咪我等妳。」聽媽媽這麼說，言言溫順了起來。

媽媽將早餐都安頓好之後，拉著言言在沙發上坐下來，一邊教言言綁頭

專家Point！

- 攀比會造成同儕間失和。
- 比較混淆了努力的目的。
- 過份比較甚至讓孩子自暴自棄。
- 鼓勵的言語勝過激將法。

髮的技巧，一邊耐心地說：「這樣子慢慢地繞阿繞阿，就綁好了。怎麼樣，是不是很簡單呢？言言一定很快就自己學會了。媽媽幫言言綁辮子，言言再幫娃娃綁辮子，把娃娃也打扮得漂漂亮亮，好不好哇？」

透過媽媽悉心指導，言言終於學會綁辮子，高興喊道：「好耶！太棒了！我要把娃娃的頭髮也弄得漂漂亮亮的！」

「言言最棒了，一下子就學會了呢！」媽媽微微笑說：「那麼，言言去學校的時候，要不要也教同學們編辮子呢？」

「要！」學會編辮子之後，言言覺得心中充滿了自信心，她說：「言言已經會自己綁頭髮了，我要去學校綁給小安、妮妮、阿明看，也教小安、妮妮、阿明一起綁，以後我們還可以互相編辮子！」

過了不久，透過幫娃娃綁辮子的反覆練習，言言把頭髮綁的越來越好。同學們都來向言言學習，更多小朋友懂得自己編辮子了！

好好說進寶貝心坎裡的話

孩子最討厭聽爸媽說的話

「妳的個性就是不像妹妹細心！」

「妳如果能再細心一點的話，就不會做錯了唷。」

「為什麼人家都會，你就是不會？」

「這題解不開，是否遇上困難了？」

「哥哥的數學考試總是考得比你還要高分。」

「寶貝的英文不錯，總是拿高分。」

「要你比小明聰明，還真是困難！」

「動腦想一想，你也想的到辦法！」

NG 24 當著眾人的面貶低孩子

爸爸：「叫叔叔有什麼好怕？你怎麼這麼膽小！」

盧卡：「但是，我就是會怕嘛……」

錯誤示範小故事

這一天晚上，爸媽帶著盧卡去外婆家探望外婆，才剛剛一進門，盧卡便立刻被叔叔、阿姨們給團團圍住。

「盧卡都沒變，還是肉肉臉、圓滾滾的呢！」

「盧卡真可愛，好想掐掐你的小臉蛋唷！」

「好久沒看到盧卡了，快讓我抱一抱他！」

「要抱也是我先抱，我最想念小盧卡了！」

親戚們在客廳裡，你一言、我一語，將盧卡拉過來、扯過去，好不熱鬧。

「盧卡，你真受歡迎呢，大家都好喜歡你啊！」媽媽看了不禁笑出來。

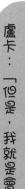

這時候，木訥的盧卡，無法承受大家的熱情，不知道該如何回應，害羞的一溜菸躲到媽媽的身後。

「盧卡，你躲起來做什麼？從進門到現在，也沒聽你跟大家打招呼，快點跟大家打招呼。」爸爸看見卡斯的行徑，便叫住他。

「……」尚未從驚嚇中醒過來的盧卡，縮得更後面了。

「盧卡，叫叔叔、阿姨阿？還有外婆，叫外婆！」爸爸窮追不捨。

「盧卡，怎麼不叫人呢？」媽媽也附和道。

「我……我會害怕。」盧卡小小聲回答。

「膽小鬼，怕什麼？」爸爸厲聲地責備盧卡：「打招呼你也會怕？有沒有這麼懦弱，將來要怎麼成為男子漢？」

這句話讓盧卡心生委屈，加上親戚們數十隻眼睛盯著他們看，頓時間盧卡超後悔一起來外婆家，覺得下次再也不來了。

教育一點訣

提倡快樂教育法的英國教育家——赫伯特．史賓塞（Herbert Spencer）指出，每位孩子的心靈，都是靠自尊來支撐的，尊嚴可以帶給人自信，也可以改變一個人的命運。人人都必須擁有自尊，尤其是還未成年的孩子，他們往往因為年紀小、閱歷淺的關係而在意別人的話語，如果孩子一有過失，家長就公開宣揚出去，致使孩子當眾出醜，雖然加深孩子對於被訓斥的印象，卻不見得對改善有幫助，更多時候會讓小孩產生逆反心理，這對孩子的心理健康百害而無一利！

小孩子也有自尊心

當我們發現孩子的缺點時，不指正出來，是不負責任的父母，但是糾正孩子的錯誤行徑，一定要注意「場合」。很多父母教育孩子一點都不避諱場所，甚至是特別偏好在外人眼前打罵小孩，「榮譽感」是人類天生的心理需要，可不少家長往往忽略了這一點，他們誤以為：孩子做了壞事，最好就在眾人面前責備他，讓他失去面子、感到羞赧，如此一來，才能深深地記取教訓，再也不敢犯相同的錯誤。

然而，心理學者指出，當爸媽在眾人面前批評孩子時，他感受到的更多是丟臉，且全神貫注地將注意力集中在恥辱的感覺上面，內心反而並不一定意識到挨罵的理由，也未必真的能認識到自己哪些部分做錯。

孩子的自尊心如同幼苗，一旦受到傷害，會留下難以癒合的傷口，保護孩子的自尊心，是父母培養他擁有光明未來的指標。無論什麼時候，無論是幾歲的小孩，我們都需要在外界人士面前，給足孩子面子。如果有其他人在場，即使孩子的缺點再明顯，也不能大張旗鼓地指出來。可以給孩子一個善意的提醒，讓他們感覺自尊未被眾人踐踏，那麼孩子就容易虛心地接受建言，自發改正錯誤。

恐懼乃人之常情

本案例中的爸爸，不僅是犯了當眾罵孩子的錯誤，除此之外，面對孩子的驚慌失措，亦表現出不體諒與不包容。

從孩子出生的那一刻起，便慢慢地去認識外界，然而，年幼的孩子畢竟與人接觸的經驗不多，對社會的理解也不足，所以他們對陌生人、陌生的環境，都不由自主地存在著恐懼感，也許是課堂上回答問題，也許是接觸一大群陌生朋友，亦或者是出外參加營隊……等等，這種恐懼心理，是多數人都經歷過的，唯有靠經驗的累積，才能消弭

「孩子健康心理的培養，比對孩子身體的關心更為重要，
當孩子具備了健康的心理，才能挑戰未來，走向成功。」
美國　布魯爾·卡特

那樣子的不安全感。儘管是擁有豐富社會歷練的人們，也會對一些特定的事物產生畏懼，又更何況是盧卡這樣子的初生之犢呢？

當父母意識到孩子害怕時，千萬不能說他們是「膽小鬼」，這個負面的詞語包含著懦弱、無能的意思。孩子們之所以向父母表達自己的恐懼情緒，事實上，是希望能得到父母的理解、支持、協助，從大人的言行中，得到解決問題之道。

回頭看看案例中的盧卡，他需要的是爸爸媽媽的引導，而不是一句「怕什麼？」這類打擊信心的言語。聽到爸爸說的這句話，除了讓他心靈受創以外，他依然不知道該怎麼做，害怕感只會無限地被放大。其實，爸爸說「膽小鬼，怕什麼？」原意也許是想讓兒子壯膽，但是，不經思索而說了這一句弄巧成拙的話，卻很容易被單純的孩子曲解，認為天不怕、地不怕才是好孩子，即使日後面對陌生環境感到不適應，我也必須假裝出沒關係的樣子，否則就不是男子漢，會被瞧不起。然而，這並非父母的本意，傳遞這樣的信息讓孩子誤解，容易造成其扭曲的社交觀念！

事實上，父母要做得不多，只需要安撫一下他的擔憂，別放大審視孩子害怕的情緒，他會透過觀察大人的應對方式，自行學習，找出一套解決的辦法。

正確翻轉小故事

這天晚上，爸媽帶著盧卡去外婆家探望外婆，一進門，盧卡便被叔叔、阿姨們團團圍住。

「盧卡都沒變，還是肉肉臉、圓滾滾的呢！」

「盧卡真可愛，好想掐掐你的小臉蛋唷！」

「好久沒看到盧卡了，快讓我抱一抱他！」

「要抱也是我先抱，我最想念小盧卡了！」

親戚們在客廳裡，你一言、我一語，將盧卡拉過來、扯過去，好不熱鬧。

「盧卡，你真受歡迎呢，大家都好喜歡你啊！」媽媽看了不禁笑出來。

專家Point！

- 打罵孩子請關起門私下進行。
- 讚譽孩子則可以當著眾人的面。
- 孩子也會有自尊心。
- 恐懼某些事是孩子正常的現象。

這時候，木訥的盧卡，無法承受大家的熱情，不知道該如何回應，害羞的一溜菸躲到媽媽的身後。

「盧卡，你躲起來做什麼？因為突然間看見那麼多不熟悉的阿姨、叔叔，所以你害羞了嗎？」爸爸看見卡斯的行徑，柔聲的詢問他。

「嗯，我覺得很害怕。」尚未從驚嚇中醒過來的盧卡，小小聲地回答。

「原來如此，陌生的環境的確叫人恐懼呢，盧卡別怕，阿姨、叔叔都是熱情的好人唷。」爸爸拿出同理心安撫盧卡。

「對阿，盧卡，爸爸媽媽陪著你，別怕別怕。」媽媽也附和道。

受到爸媽鼓勵的盧卡，這時候才探出頭來，仔細的看了看親戚們的臉。

「這是你外婆，記得嗎？小時候常常陪你玩耍。」爸爸慢慢引導盧卡：「如果你不好意思叫外婆，可以跟她揮揮手呀，外婆會明白你的意思唷。」

冷靜下來的盧卡，覺得心裡的不安感漸漸減弱了，他聽了爸爸的話，乖乖地對著每一個親戚揮揮手，大家也回以他溫暖的微笑，隨著時間一分一秒的過去，盧卡也開始加入大家的談話，害臊的模樣一掃而空。最後離開外婆家的時候，盧卡覺得今天過得好開心，下次一定還要再來玩。

好好說進寶貝心坎裡的話

「為什麼你會感到害怕呢？」

「每個人都有害怕的東西，都是很正常的。」

「寶貝是不是會對陌生人害羞呢？」

「小寶，回家媽媽有話跟你説唷。」

孩子最討厭聽爸媽說的話

「你膽子也太小太小了吧？」

「你真是懦弱！將來一定沒出息。」

「叫叔叔啊！你為什麼不叫？」

「你不聽話，旁邊的阿姨都看在眼裡！」

NG 25 倚老賣老塑造父母權威

媽媽：「想當年，我在你這個年紀早就獨立了。」
元元：「這麼久以前的事，有什麼好說的？」

錯誤示範小故事

「媽媽！媽媽！妳快看！那隻會動的熊麻吉玩偶好可愛唷！」正在陪媽媽逛百貨公司的元元，突然大聲地叫起來，伸出手指向遠處，順著元元指去的方向，媽媽的確看見一隻活靈活現的熊麻吉，會搖擺，還會講話。

「是啊，是挺可愛的。」媽媽對元元的眼光表示贊同。

「如果我也有一隻熊麻吉該多好。」聰明的元元眨眨眼睛，說出這樣的話，當然是暗示媽媽把玩偶給買下來，而媽媽也聽懂了。

「元元，你又想買娃娃了嗎？你知道嗎，像你這麼大年紀的時候，媽媽從來不會開口要求買玩具，因為我知道爺爺奶奶賺錢不容易……」媽媽開始抱怨以前生活多地艱苦，自己身為小孩又是如何貼心，其實對於來自過去年代的長輩而言，確實如此，習慣了勤儉生活，自然覺得兒子太浪費。

「上週爺爺才買了變形金鋼給你，現在又要買……。」媽媽繼續嘀咕著。

「好了好了，我不要聽了，再說下去我耳朵都長繭了！對對對，妳最貼心，我都不貼心，不買就不買嘛！現在又不是你們那個年代，哪能相比。」元元不高興地抱怨，負氣地跑走了。

教育一點訣

不合時宜的隔代相比

面對形形色色的物質誘惑，許多嬌生慣養孩子花錢如流水、浪費又懶惰，這對長輩們來說，的確有些受不了。

但是，畢竟時代在進步，媽媽所說的「那個年代」已不符合現今潮流，如果我們看到一個穿滿補丁衣服的孩子在大街上走，人們一定以為這個孩子遭遇了不幸，或者因為他們穿的奇裝異服而被批評指責。

倚老賣老弄巧成拙

教育孩子勤儉節約是正確的，但如果說出「我像你這麼大的時候，……」那就產生反效果了。長輩們艱苦歲月的經歷可以在閒聊時，作為一種激勵孩子的動力來源，但是作為教育例子那將難以達到預期效果。

「我像你這麼大的時候，……」是父母們最常說的一句話，而其中最為頻繁的就是「我像你這麼大的時候，成績多麼出色……」原本說這句話的父母是想激勵孩子們努力學習，但是如果孩子成績本來就不好，那會使得他更加喪失自信，心想爸爸媽媽像我這麼大的時候很出色，我一定讓他們相當失望。

或者父母現在的經濟狀況並不是很好，說這種話更容易影響孩子的情緒，他會想：「爸爸媽媽以前成績那麼好，現在也只是這樣的成就，那麼如今比不上他們的我，就更沒有希望了。」若孩子因此而冒出悲觀消極的想法，進而甚至失去了學習的動力，那絕對不是為人父母所預期達到的目的。

把話說清楚不拐彎

然而，究竟要如何激勵孩子才能恰到好處？如何談話才能讓孩子們正確理解父母要表達的意思？這就需要父母用心思忖、研究了。

由於時代、環境的不同，許多事物之間已經沒有任何意義的可比性，與其列舉諸多過時的案例，混淆談話內容，造成孩子的不認同，父母希望孩子能怎麼做，倒不如直接告訴他即可，其效果將比用「想當初」的方法來得更容易理解，才能促進親子間有效的溝通。

分享當年的錯誤

根據兒童心理專家指出，孩子們很樂意聽到大人們在他這個年齡時所犯下的錯誤、遭遇的挫折，以及大人們的應對方法。在講述時，長輩只需要客觀地把過程、採取措施，以及最後的結果表達出來即可，其中的道理就讓孩子們自己去體會，效果會更加明顯。當孩子們的心理和長輩們的產生共鳴以後，他便更樂意接受這些經驗教育。

「教育者應該深刻了解成長中的心靈，唯有在教育生涯中不斷地研究心理學知識，才能成為教育工作的真正能手。」

蘇聯　蘇霍姆林斯基

正確翻轉小故事

「媽媽！媽媽！妳快看！那隻會動的熊麻吉玩偶好可愛唷！」正在陪媽媽逛百貨公司的元元，突然大聲地叫起來，伸出手指向遠處，順著元元指去的方向，媽媽的確看見一隻活靈活現的熊麻吉，會搖擺，還會講話。

「是啊，是挺可愛的。」媽媽對元元的眼光表示贊同。

「如果我也有一隻熊麻吉該多好。」聰明的元元眨眨眼睛，說出這樣的話，當然是暗示媽媽把玩偶給買下來，而媽媽也聽懂了。

「也是，元元那麼喜歡熊，如果擁有一隻，是不是會覺得很幸福呀！」

以為媽媽一定會答應購買的元元，感到無比開心，所以使勁地點了點

專家Point！

- 年代不同，無法同言而喻。
- 老愛提當年勇的長輩討人厭。
- 拿自身經歷壓孩子會激起叛逆心。
- 請多多認識現在孩子的時代。

頭。

這時，媽媽卻做出非常難過的表情，說道：「唉！但是媽媽突然想到，非洲那些連飯都吃不飽、沒有玩具可以玩的孩子真可憐！要是也能讓他們像元元一樣過得衣食無缺，該有多好呀！」

「媽媽，妳說誰吃不飽呢？」元元問。

「世界上還有很多落後的國家啊！那裡環境骯髒，三餐吃不飽，喝水都是個問題，媽媽曾經在電視上看見，有一個和元元年齡差不多的小女孩，她……」媽媽描述著節目中播出在非洲生活困苦孩子的情形，繪聲繪影地描述，極其悲傷。

元元也被媽媽難過的氛圍感染，他在想，世界上的某個角落，真的有這樣的小朋友嗎？也許，他應該貢獻一己之力來幫助他們。

當天，元元不再說他想要買熊麻吉了，反而要求媽媽放那個節目給他看。後來，元元看完非洲小孩的成長實境，想買娃娃的頻率明顯減少很多，每當有奢侈的物質欲望出現時，元元就會想起那些生活貧窮的小朋友們。

好好說進寶貝心坎裡的話	孩子最討厭聽爸媽說的話
「我們考慮到眼前情況，我是這麼覺得……」	「想當年，在我小的時候……」
「爸爸覺得，關於這件事……」	「告訴你，在爸爸那個年代……」
「寶貝，媽媽認為這樣並不好。」	「古早從來不會像你們這樣。」
「我們要勤儉愛物，因為……」	「以前哪裡有像現在這麼奢侈的事？」

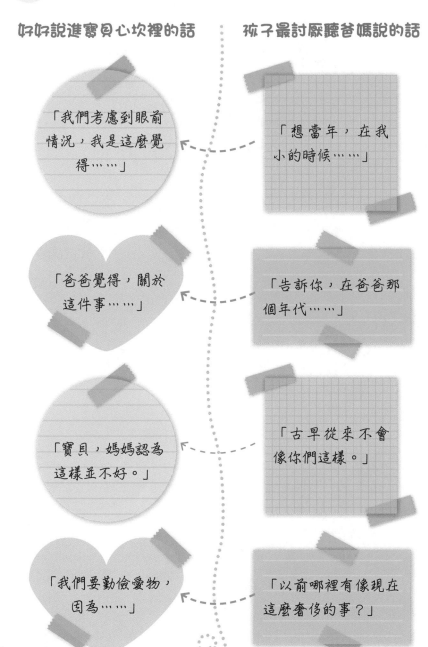

情緒失控炸彈！
溫柔化解家庭中的衝突

第七章

火氣一上來，謾罵、詛咒、三字經……難聽話就脫口而出？
夫妻之間不合，總是當著孩子面發起第三次世界大戰？
情緒化爸媽，當心教養出性情乖戾、性格扭曲的小怪獸！

NG 26 責備孩子的時候口不擇言

媽媽：「我真後悔生下你！我沒有你這種壞孩子！」

志強：「……原來媽媽不希望有我。」

錯誤示範小故事

志強原本是一個品學兼優的好孩子，是弟弟妹妹的最佳榜樣，也是爸爸媽媽的心頭驕傲。但是自從去年他結識了其它學校的不良少年仔之後，卻開始學抽菸、學喝酒，經常夜深了才醉醺醺地回到家。昨天，他竟然被學校告發已連續曠課多日，媽媽才把他從學校接回來，神情氣憤難耐。

「志強，你這小孩是怎麼回事？以前那一個懂事的你消失到哪裡去了？你爸爸每天辛苦工作加班，不就是為了供你們好好上學，而你現在卻是如此地不爭氣！你這樣要怎麼教導弟弟、妹妹？」

志強雖然貪玩，但內心深處仍然是個愛家的孩子，對於媽媽說的話，其實也感到內疚，知道自己沒有立場辯駁，志強低著頭，不發一語。

「你說話呀！是不是想把我活活氣死！」

「媽媽，對不起……」

「對不起？你以為一句道歉就能解決了嗎？我沒有你這樣的兒子！要是當初沒有生下你這個孽種就好了！」

「媽……」志強抬起頭，一臉錯愕地看著媽媽。

志強似乎是想挽回，但是氣憤中的媽媽根本聽不進去，便丟下他出門了。

教育一點訣

很明顯地，志強媽媽眼看兒子日益不學好，種種不良陋習染上身，受到刺激，恨鐵不成鋼，當然相當失望！但這句「我沒有你這樣的兒子」卻是一句過分嚴重的話語，就連是成年人，如果聽到自己的父母這樣責備，也會讓人感覺被拋棄、放棄一般。

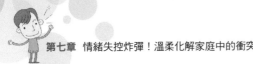

情緒言語最傷人

有時候親子之間發生衝突，為人父母者當下怒氣正盛，便會不小心吐出「要是當初沒有生下你就好」這類的台詞，雖不是打從心底如此認為，但是年紀還小的孩子，思緒總是單純，並不會體諒媽媽說這話背後的心情，怎麼會聽得懂是真心話或是氣話呢？

當然，也有一些反應機靈的小孩，能夠區別父母是否正在說氣話，不會往心裡去，甚至還能圓融回應，但是畢竟這樣的孩子僅佔少數。人世歷練不足的孩子，聽不懂譬喻或暗示字眼，他們需要的是父母口中一個肯定的陳述句。否則，接收到負面的句子時，他只聽懂了字面的意思，便會導出「媽媽希望沒有我」的結論。

被奪走的安全感

對原本就沒自信的孩子來說，聽見這樣的話，更誤以為自己是爸媽的累贅，甚至會認為父母並不愛自己，覺得厭煩。在孩子眼裡，家是最安全的避風港，因為存在父母親的愛。如果讓孩子產生不再被愛的危機感，那他們將會在痛苦中成長。

在日本便出現這樣一個案例。有位媽媽曾表示，她和友人聊天時

「在你發怒的時候，要緊緊閉上嘴，免得增加你的怒氣。」

古希臘　蘇格拉底

無意間說出「要是還沒生小孩就好了」，被敏感的孩子聽見，結果就離家出走，因為他並不希望造成媽媽的困擾。並想著，與其等哪天媽媽把他趕出去，不如自己先走好了。而媽媽還以為孩子是被人綁架了，當找回孩子後，聽說是這原因，真是哭笑不得。

國內外的教育專家皆強調，對孩子說話要用心。父母們在對上司、客戶說話時就會特別深思，斟酌每一字，在心裡想著接下來所說的話會發生何種結果，確信能正確表達才會說出來。既然對別人都可以做得如此周到，對自己孩子更應該盡心。

讓浪子回頭

成長中的孩子難免犯一些錯誤，透過父母的導正，才讓他樹立正確觀念。如果孩子走偏時，就用重話來刺激、羞辱他，這種教育將會造就出一個失敗者。身為父母，必須維持足夠的責任感與同理心，給予孩子一個良好的成長環境。

針對案例，志強的爸媽該怎麼處理？首先，應該抽出時間去關懷，詢問志強是什麼原因開始接觸那幫壞孩子，慢慢勸說抽菸、喝酒、不讀書的後果，進而感化孩子脫離。再者，從對話中可看出，志強是有悔改的意思，但是媽媽不聽他的解釋，這會使得他不知所措，或許當他再次犯錯時，會運用某些方法來隱瞞，那只會讓事態越來越大條。

正確翻轉小故事

志強原本是一個品學兼優的好孩子，是弟弟妹妹的最佳榜樣，也是爸爸媽媽心頭的驕傲。自從去年結識了其它學校的不良少年之後，卻開始抽菸、喝酒，經常夜深了才醉醺醺地回到家。昨天，他竟然被學校告發已連續曠課多日，媽媽才把他從學校接回來，神情氣憤難耐。

「志強，過來這裡。」媽媽壓下滿肚子怒氣，希望與兒子好好談談。

「媽媽，我知道翹課不對，我錯了。」意識到自己讓媽媽難過的志強，很配合地走過去，並主動承認了錯誤。

「志強，媽媽知道你一直都很懂事，我不需要對你太多責怪，你心裡也

專家Point！

- 教訓孩子請勿帶著太多情緒。
- 等待怒氣消退再進行親子溝通。
- 過重的責罵將產生不良反效果。
- 放棄般的言語讓孩子自我放逐。

有數，我們不怕犯錯，知錯能改就是好孩子。」媽媽和氣地說道。

「嗯嗯，我不會再翹課了。」志強保證。

「媽媽也有錯，幾乎把時間花在弟弟妹妹身上，對你的關心太少了，才會讓事態演變得那麼嚴重，我很想知道你是怎麼認識你那群朋友的，從什麼時間點才開始接觸他們的呢？你可以說給媽媽聽嗎？」

於是，志強便開始將事情的來龍去脈講述一遍，原來他也同樣認為抽煙喝酒不健康，但是礙於對方盛情難卻，終於不小心染上惡習。

媽媽聽完後說：「媽媽希望你不要再和他們往來，因為會逼迫朋友抽菸喝酒的人，並不能算是好朋友！若你仍然想找他們，我也不會阻止，但是至少你必須堅持再也不碰菸酒，那些物品太危害健康了！」

志強隨即答應媽媽，會漸漸地與不良少年脫離關係，經過這次的出軌與溝通，母子倆的關係反而比從前更加親密了。

好好說進寶貝心坎裡的話	孩子最討厭聽爸媽說的話
「媽媽真慶幸能有寶貝來陪伴！」	「我真後悔把你給生出來！」
「我愛小寶，你是媽媽心頭肉！」	「要是這個家沒有你就好了！」
「擁有寶貝，真是爸爸的福氣！」	「生下了你簡直是一個錯誤！」
「我們家有寶貝，真幸福！」	「我們寧可要別人家的小孩！」

NG 27 夫妻在孩子面前大吵架

爸爸：「我要離婚！我要揍扁你們！」
小瑋：「嗚嗚……爸爸好恐怖唷……」

錯誤示範小故事

飯桌上，小智與小瑋兩兄弟，為了一顆芋泥球爭了起來。

哥哥搶過弟弟筷子下的芋泥球，說：「你剛剛吃五顆了，這顆是我的！」

「啊！爸爸你看，小智搶我的芋泥球！」弟弟不滿地吶喊。

「爸爸，小瑋吃太多顆，他太貪吃了！」哥哥試圖辯解。

爸爸從報紙裡抬起頭，皺了皺眉說：「小瑋，五顆的確是有點多，你還在減肥中，這顆哥哥幫你吃掉好了。」

「不要！明明是我先夾到的！」弟弟不甘心地抗議。

媽媽為了安撫弟弟，快點說：「爸爸，小瑋愛吃，多吃幾顆有什麼關係呢？你怎麼能幫著小智不讓小瑋吃呢？」

「我每次教小孩妳都要插嘴，妳是覺得妳最行嗎？」逐漸心煩意亂的爸爸，口氣不好了起來。

「你現在是在怪我嗎？」媽媽一聽，火氣也跟著上來。

小小的事件，突然間點燃了爸媽之間的戰火，兩個人慢慢地越吵越兇，最後甚至開始烙下各種狠話。

「反正你就是嫌棄我，那我們乾脆離婚好啦！」媽媽吼道。

聽見離婚二字的小瑋，想勸爸媽和好：「爸爸媽媽……」

「通通給老子閉嘴！否則揍扁你們！」爸爸怒吼。

「碰」的一聲，媽媽將自己關進廚房，爸爸也忿忿地走回房間，只留下心裡極度惶恐的小智，以及嚎啕大哭的小瑋。

教育一點訣

蘇聯教育家馬卡連柯說過：「心平氣和、認真和實事求是的指導，才是教育應有的外部表現，而不應當是專橫、憤怒、叫喊與懇求。」

溝通，不該只是情緒發洩

案例中的爸爸媽媽對於教養的觀點有了出入，他們兩個人之間遇到了一些矛盾，無法在當下取得共識與平衡，因此才有了爭執。然而，他們不能將自己的情緒控制得宜，甚至如同火山爆發，大肆發怒，這是情緒的一種發洩，希望透過嚴厲喝斥，與言語上的威脅（例如：離婚）來迫使對方讓步。這也是部份父母在遇上類似情況時，所會採取的極不良溝通方式。

事實上，許多父母在怒吼後，就已經後悔了，他們知道自己的情緒將會影響到孩子。的確，孩子不知道家長究竟發生了什麼事，他們不能快速的捉摸到爸媽爭執的理由，而突如其來的大發脾氣，也會造成孩子們的驚嚇，久久無法平復，「離婚」這樣子的字眼，聽在孩子的耳裡，有如世界末日般地嚴重，因為怒氣說出口的話，對於溝通卻沒有任何建設性。本案例中的小智、小瑋兩兄弟，會出現「爸媽是因為我們吵架的」的錯覺，未來如果爸媽真的離婚了，甚至會誤以為自己就是害父母離異的罪魁禍首。

頻繁爭吵，小孩心驚驚

當大人的爭戰如火如荼的進行時，被犧牲的、最可憐的，往往是無辜的那些孩子們。事實上，小孩對周圍的情緒是相當敏感的。曾經有職能治療師指出，身處在大人吵架的現場，小孩大腦主要的感受就是恐懼，這對於心智發展與成熟有負面影響，可能會出現以下的心理反應：

- **自卑感**

孩子會認為自己的爸媽比起其它人家的爸媽還要來的不和諧，並且由於自責無法介入處理，因此產生自卑的心情。

- **緊繃感**

常聽到大人互相指責彼此，孩子也容易會自我投射，只要聽到一丁點批評，就會擔心同樣受到責罵，所以無法感到放鬆。

- **愧疚感**

孩子倘若錯判情勢，誤以為是自己引起爸媽之間的爭端，那麼便

「脾氣暴躁，是人類較為卑劣的天性之一，

人要是發脾氣，就等於在人類進步的階梯上倒退了一步。」

英國　查爾斯・達爾文

會深深地對家人感到抱歉，無法停止在心中自我責怪。

此外，孩子或許會被父母、師長的激烈爭吵給嚇到，而暫時停止所作所為，變得較配合與聽話，但他們仍舊搞不懂大局，同時意識不到自己錯在何處，因而失去了良好的機會教育。

離開現場，緩一緩怒氣

當父母及將控制不了情緒時，雙方可以先遠離現場，使自己冷靜。並且首先對孩子表明自己情緒不佳，若繼續說下去有可能會口不擇言，因此需要獨處，等理清情緒後，再找對方溫和地談，或對孩子講述道理，有助於家庭間的良性溝通。

父母就是孩子學習的榜樣，孩子們透過觀察父母對每一件事情的反應，來學會處理問題的態度。如果大人總是那麼激動、不理智，在這些「低ＥＱ」父母身邊長大的孩子，也將朝此發展，難以脫離情緒化的巢臼，以至於為人處世的情緒智商偏低。每位父母在說任何話、做任何事之前，都應該審慎評估自己的言行將對孩子帶來何種影響，以有效調整態度與情緒，保障孩子健全的身心發展。

專家Point！

- 父母避免在兒女眼前激烈爭吵。
- 夫妻間有矛盾，應理性討論。
- 脾氣火爆，無法進行適當教育。
- 場面失控，會致使孩子恐慌。

正確翻轉小故事

飯桌上，小智與小瑋兩兄弟，為了一顆芋泥球爭了起來。

哥哥搶過弟弟筷子下的芋泥球，說：「你剛剛吃五顆了，這顆是我的！」

「啊！爸爸你看，小智搶我的芋泥球！」弟弟不滿地吶喊。

「爸爸，小瑋吃太多顆，他太貪吃了！」哥哥試圖辯解。

爸爸從報紙裡抬起頭，皺了皺眉說：「小瑋，五顆的確是有點多耶，你正在減肥中，這顆哥哥幫你吃掉好了。」

「不要！明明是我先夾到的！」弟弟不甘心地抗議。

媽媽以不讓孩子聽到的音量，偷偷地跟爸爸說：「爸爸，芋泥球小智、小瑋都愛吃，如果只讓一個人吃，恐怕他們會爭吵沒完呢。」

「但是，小瑋再多吃會越變越胖，醫生警告過了不是嗎？」爸爸按耐住吼罵兩兄弟的衝動，向媽媽表達自己的想法。

「我懂爸爸是為了小瑋好，不過，眼看兄弟倆沒人會願意讓步。還是讓他們一人一半呢？」媽媽也耐著性子給建議。

「好吧，小智啊，你是哥哥，我希望你能幫爸爸一個忙，小瑋也不能吃太多芋泥球，你幫弟弟把芋泥球切一半，你們一人一半好嗎？」爸爸虛心地接受了媽媽的說法，兩個人和平地達成了共識。

後來，小智認為，在爸爸眼裡，自己是一個幫得上忙的人，很積極地接下了任務，完美將芋泥球切成兩半，甚至他也開始檢討，接著跟弟弟道歉，表示自己不應該搶他的食物，而小瑋也乖乖地將半顆芋泥球放到哥哥的碗裡。吃完飯後，兩個孩子便和樂融融，手拉著手出去玩了。

好好說進寶貝心坎裡的話	孩子最討厭聽爸媽說的話
「意見不同，我們來討論一下。」	「離婚！」
「我們冷靜之後，再來談談。」	「滾開！」
「原來，老公你是這麼想的。」	「胡說八道！」
「心平氣和，別大吼大叫。」	「看你真不順眼！」

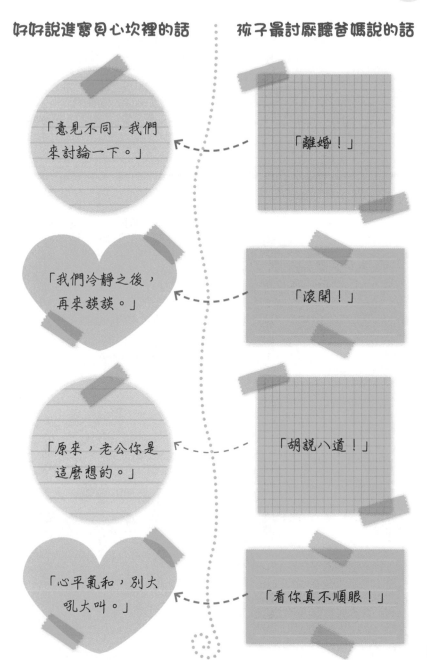

NG 28 用冷戰與臭臉來懲罰孩子

華華：「媽媽，妳為什麼都不理我？」
媽媽：「走開，離我遠一點，我不想跟你講話。」

錯誤示範小故事

公園外駛來了一台賣冰淇淋的車子，放著淘氣的派對音樂，吸引了小朋友們，他們跳下盪鞦韆、滑下溜滑梯，通通跑過去將車子給圍起來，爭先恐後地搶冰吃。

「媽咪，我也想要吃那個芒果冰淇淋。」四歲的華華仍然坐在沙堆上，他放下手邊的城堡，指著車子，懇切地哀求道。

「華華，你現在正在感冒，咳嗽又流鼻涕的，千萬不能吃冰，否則醫生他會罵我們。」媽媽搖搖頭，果斷地拒絕。

「拜託嘛，只吃一碗冰不會怎麼樣，我已經好久好久沒有吃冰了。」華華眼睛仍然盯著車子方向，視線沒有離開過。

「媽媽說不可以就是不可以！哪有人感冒還吃冰淇淋，生病永遠好不了。」媽媽繃緊了臉，聲音已經開始變凶狠。

「我要吃冰，我要吃冰，我要吃冰……！」華華也倔強的踢著雙腿抗議。

彼此僵持了五分鐘，最後媽媽強拉著華華離開。

媽媽一路上不再開口說話，對華華幾乎視而不見，華華叫她，她也不應。面對變身母夜叉的媽媽，華華好畏懼，只能跟著媽媽怒氣沖沖的步伐，小跑步的跟上。回家之後，媽媽還冷戰了整整三天三夜，不斷地擺臭臉給華華看，華華除了偷哭以外，並不知道如何是好。

教育一點訣

在華華不聽勸告之後，媽媽的臉色與口氣都開始變壞，但小孩子不是那麼懂得察言觀色，才會繼續吵鬧，終於引爆了媽媽心中的熊熊怒火。

當媽媽擺出一張臭臉，強拉著華華離開時，即使聽到兒子叫喚也不回應，幾乎是因為生氣而刻意對華華「冷戰」的情況。

只是，面對一個四歲的孩子，即便意識到媽媽在生氣，但也許無法深入理解原因。

當他叫媽媽卻無法獲得回應時，恐懼感從他的心裡油然而生，他在害怕什麼呢？可能是擔憂媽咪從此不愛他了；甚至是誤以為媽咪準備拋棄他了。

假若長此一往，爸媽都是用這種方法來宣洩怒氣，處理和孩子溝通上出現的矛盾，孩子勢必會有欠缺安全感的現象。沒有安全感的人，將來在各種親密關係中，都容易面臨到形形色色的心理障礙。

當媽媽邁著大大的步伐往前疾走，年僅四歲的小小孩，絕對跟不上那種速度，所以努力地小跑步跟著。但沿路上有群眾、有物品，難保華華不會因此而撞受傷。大人可以表達生氣，但是當身邊帶著一位沒有自我保護力的小朋友，都還是應當顧及孩子安全，降低不必要的意外風險，否則等到危險事件真的發生，爸媽後悔也來不及了。

斷絕溝通管道的冷戰模式

當親子之間發生了衝突，擺臭臉、冷戰，是其中特別嚴重的境界，也是最不理想的情況，雙方只要一冷戰，就不跟對方說話，一旦少了言語互動，就難以達到溝通的目的，此外，還會把所有的不滿都壓抑在心裡，越堆積越膨脹，直到有一天爆發出來，此時的威力，恐怕會使親子雙方都受到傷害。

美國聖母大學心理學教授馬克・卡明斯表示，父母親不用逃避所有衝突，反而要以正面的態度來解決。家人之間（包含親子之間、夫妻之間、兄弟姐妹之間）要尋求一個方法，是讓彼此都能冷靜下來，充分的表達意見。

父母在孩子身邊處理情緒的方式

心理學相關研究指出，就算爸媽刻意避免吵架場面，或是以沉默不語代替大吼大叫，機靈的孩子們，仍然能感知到父母的情緒。

小朋友都是家庭關係敏銳的觀察者，當有人彼此意見不合的時候，他們馬上就會察覺，並且把爸媽處理衝突的方式看在眼裡，複製下來作為自己的處世方式。

美國學術期刊《兒童發展》（Journal of Child Development）刊出最新研究指出，破壞性的衝突，會對孩子性格造成永久性的負面影響，然而，如果能夠運用建設性的態度來處理爭執，反而能鞏固孩子的安全感，並讓孩子從中學習到如何妥善面對衝突，那麼則是一項可

「溫和的語言，是善良人家庭中決不可缺少的。」

印度《摩奴法典》

貴的教育收穫。

婚姻家庭治療師瑪麗．哈特維爾沃克曾建議，當夫妻面對衝突，切記就事論事，萬萬不可翻舊帳、人身攻擊，更絕對不用侮辱性的字眼批評。

不妨把雙方同意和不同意的點分別寫下，找出共識，接著積極去了解對方，而非辯護自己的立場；傾聽時態度要尊重，開口時語氣要柔和，並且保留妥協空間。這樣子的方式，運用在親子矛盾上亦受用無窮。

將故事中的事件回推，倒不如在華華最初想買冰淇淋時，媽咪便以華華聽得懂的話和他溝通。例如，吃了冰之後身體會有何後果、媽媽基於什麼樣的心情不讓華華吃冰、華華如果真的想吃冰可以採取什麼措施……等等。

如此一來，即可委婉化解母子溝通的不良，也是另一個完美的機會教育。

正確翻轉小故事

路邊駛來了一台賣冰淇淋的車子，放著淘氣的派對音樂，吸引了公園中的小朋友們，他們跳下盪鞦韆、滑下溜滑梯，通通跑過去將車子給圍起來，爭先恐後地搶著冰吃。

「媽咪，我也想要吃芒果冰淇淋。」四歲的華華，仍然坐在沙堆上，他放下手邊的城堡，指著車子，懇切地哀求道。

「華華，你現在正在感冒，咳嗽又流鼻涕的，千萬不能吃冰，否則醫生會罵我們。」媽媽果斷地拒絕了。

「拜託嘛，只吃一碗冰又不會怎麼樣，我已經好久好久沒有吃冰了。」

專家Point！

- 冷戰對於化解衝突毫無幫助。
- 擺臭臉讓孩子缺乏安全感。
- 彼此的意見需要開口說。
- 以孩子聽得懂的內容做溝通。

華華眼睛仍盯著車子，視線沒有離開過。

「就算是只吃一碗，冰冰的東西進到你的身體裡，就會讓你的病情更嚴重，你的鼻涕會越流越多，你的咳嗽也會越咳越久，然後你半夜可能會睡不著，一個人醒著，那是多麼地不舒服啊！你確定那是你想要的結果嗎？」

媽媽耐著性子，規勸華華。

「有這麼嚴重嗎？」華華不可置信地問媽媽，有些猶豫。

「當然有，這就是為什麼媽媽不讓你吃，因為華華如果感冒難受，媽媽心裡也會跟著不好受，到時候我會有多麼心疼你？否則，我知道華華最愛吃芒果冰淇淋，怎麼會那麼堅持要阻止？」

媽媽眼見勸導有點作用，再接再厲說道。

華華心想，原來媽媽真是為我好，吃一支冰居然要付出那麼大的代價，還是不要好了，於是他說：「媽媽，謝謝妳，那麼我改天再吃冰淇淋吧，等我病好了之後。」接著開心地繼續玩沙、堆城堡了。

孩子最討厭聽爸媽說的話

好好說進寶貝心坎裡的話

「你滾開！滾得越遠越好！」

「讓爸爸先消氣，再來跟你說。」

「離開我的視線！」

「媽媽氣頭上，需要緩口氣。」

「我不想再跟你說一句話。」

「我需要一點時間來想想。」

「閉上嘴！安靜！」

「我們先冷靜，再好好討論。」

NG 29 嚴厲的譴責孩子說謊

羽倫：「媽媽對不起，我是騙妳的。」

媽媽：「誰教你這樣說謊話的？你變壞了！」

錯誤示範小故事

「羽倫啊，昨天學校放學之後，你有去參加數學補習班的課後輔導嗎？」媽媽輕聲對著小五生羽倫問道。

「有啊！」羽倫暫時放下電動遊戲，拿起桌上的一顆蘋果邊吃邊回答。

「那今天補習班老師為什麼打電話給我，跟我說你昨天沒有去補習？」媽媽接著問道，背對著羽倫，羽倫看不見媽媽臉上的表情，也聽不出聲音裡的情緒。

「呃……」原以為天衣無縫的計畫，就這樣被抓包，羽倫半晌說不出話來。

看到羽倫這個模樣，媽媽頓時一股火氣湧了上來，罵道：「所以你是真的沒去補習囉？那你剛剛為什麼要說謊騙人？我是這樣教你的嗎？你說話啊！」

「因為……國中的數學太難了，我上課頭都要爆炸。」羽倫小聲的回答。

「先上國中的數學課，才能替你未來做準備，這些你都知道。我平時是怎麼教你的？你怎麼能這樣說謊騙媽媽啊！」媽媽更生氣的大吼道。

「媽媽對不起，我怕妳生氣才……」

「別找這種藉口！才小小年紀就會說謊，我看你長大就要作奸犯科了！實在是太糟糕了！」媽媽歇斯底里地怒吼，顧不得羽倫的解釋。

教育一點訣

羽倫回到家，當被媽媽問起是否有去補習時，他掩蓋了自己蹺課的事實，說謊了。他為什麼說謊呢？是不想讓媽咪發現他蹺課，還需要解釋，所以說謊？是因為自己貪玩，不想去補習，認為媽咪應該不會發現，所以說謊？還是因為怕媽咪知道他無法應付課業壓力而失望，於是才說了謊？

媽媽抓到羽倫說謊後，更加怒不可遏。她生氣可能有幾種原因：

羽倫明明蹺課，還騙她說有去補習班補習，睜眼對她說謊話。

羽倫說國中數學太難，媽媽卻認為一切都是為了羽倫好。

孩子說謊的確不對，但羽倫的媽媽不妨先冷靜想一下，追根究柢，會造成孩子說謊的背後原因，其實是「國中數學太難」這個情況。

孩子說謊必有原因

人為什麼要說謊？這是個有意思的問題。有的人說謊，是為掩蓋更真實，但不能立即曝光的事情。有的人說謊，是為了再延續上一個謊言。

教育專家將孩子的說謊動機分為「無意」、「有意」兩種，無意的說謊通常發生在學齡前幼兒身上，由於無法分辨幻想與現實，隨著年齡增長，這種情況會漸漸消失，家長不需大驚小怪；但若是稍長的兒童說謊，就大多是有意的，其中又分為兩種常見的主要因素，第一、孩子曾經因為犯錯遭到嚴厲打罵，導致下次說謊來逃離責罰；第二、孩子不信任父母，認為說出事實也許會失去爸媽的愛與讚美。

無論是為了上述哪一種目的，「說謊」就是一個需要有邏輯力、智慧力的大學問。但它又常常帶著世人對它的負面評價，因為，一般人崇尚「是就是」、「不是就不是」的是非黑白曲直，不需要用說謊來偽裝、強辯。

媽媽對不起，我說謊了

小兒心智科醫師表示，很多爸媽第一次發現孩子說謊時，都會認為孩子是變壞，但其實小孩會說謊，是智力發展的重要步驟，根據研究，兩歲後有20％的孩子會說謊、三歲後約50％、四歲後約90％、十二歲後則是100％，慢慢進入青少年期，會基於道德觀念、羞恥心等等因素，再一次降至70％左右。

只要孩子會說話，就可能會說謊，這是自然的行為，因此家長大可放寬心，切勿先入為主，錯誤解讀為孩子的品行偏差。應先瞭解孩子說謊的原因，才能進一步地去改善。

不要害怕說實話

趨利避害是人之常情，說謊是一種求生本能，然而，面對家中小朋友說謊時，爸媽該做些什麼？想要減少孩子說謊機會，家長得主動打開討論的大門，當兒女知道，只要透過正向溝通的方式，既不會受

「理解人的方法只有一個：判斷他們的時候不要急躁。」

法國　聖・佩韋

到過於嚴厲的責罰，還可以滿足自己的表達需求，自然就不會再倚賴說謊。為人父母者，應該提供孩子一個敢說實話的「安全環境」，激勵他們不怕說實話、選擇說實話。

耳濡目染的教育也是很重要的，除了爸媽自身不能說謊之外，建議平時可經常灌輸給孩子正確觀念，讓他們明白「誠實是人們相互信任的基礎」這個道理。

溝通、溝通

媽媽是為羽倫的未來著想才安排的，也是愛他的表現，只可惜有點矯枉過正，反而讓羽倫吃不消，因而蹺課，因而說謊。

所以，當媽媽知道了羽倫蹺課的原因，即使孩子犯了錯、說謊了，爸媽也應該先沉住氣，不急著用大吼怒罵的方式責備孩子，那只會適得其反，讓彼此的關係更疏離。

羽倫媽媽應先好好和兒子談一下，了解他的學習能力，若真的越級補習對羽倫來說是個沉重的負擔，何不省下補習費，還給羽倫一個快樂的小五生活。相信如此一來，母子間的溝通會更通暢，再也不用謊言來串場了。

正確翻轉小故事

「羽倫，昨天放學之後，你有去數學補習班的課後輔導嗎？」媽媽輕聲對著小五生羽倫問道。

「有啊！」羽倫暫時放下電動遊戲，拿起桌上的一顆蘋果邊吃邊回答。

「那今天補習班老師為什麼打電話給我，跟我說你昨天沒有去補習？」媽媽背對著羽倫，羽倫看不見媽媽臉上的表情，也聽不出聲音裡的情緒。

「呃……」原以為天衣無縫的計畫被抓包，羽倫半晌說不出話來。

看到羽倫這個模樣，媽媽頓時一股火氣湧了上來，沒想到兒子也會說謊來騙自己，但是她決定先了解情況，所以壓抑住吼罵的衝動，問道：「所以

專家Point！

- 說謊是孩子成長過程中所必經。
- 瞭解孩子說謊原因才能治本。
- 溝通再溝通比什麼都重要。
- 隱瞞事實不代表孩子變壞了。

你是真的沒去補習囉？那你剛剛為什麼要跟媽媽說有呢？你知道這個行為叫做說謊嗎？」

「因為……國中的數學太難了，我上課頭都要爆炸。」羽倫小聲的回答。

聽到羽倫的回答，媽咪愣了一下，隨即聲調放柔軟了：「現在小五的數學太簡單，先上國中的數學，才能為你未來做準備，這些我們之前不是都討論過了嗎？你仍然無法負荷嗎？」

「嗯！但是老師越教越難，我覺得已經超出我的負荷，連題目都看不懂。」羽倫看到媽咪似乎沒有要大發雷霆，於是勇敢地回答道。

「好了，媽媽知道了，那麼我明天到補習班和老師討論退費的事，學數學這件事我們還是慢慢來。」媽咪抱抱羽倫說：「不過，媽媽想告訴你，說謊是件不正確的事，它會影響到媽媽對你的信任感，以後你說的話會大打折扣，那也會影響到我們之間的好感情唷！所以，日後無論發生什麼事，你都不應該再對我說謊，我才能想辦法幫忙解決！」

好好說進寶貝心坎裡的話	孩子最討厭聽爸媽說的話
「寶貝兒，為什麼不說實話呢？」	「騙子！誰教你那樣騙人的？」
「你是不是會害怕媽媽生氣？」	「你怎麼能夠說謊呢？好糟糕！」
「可以告訴我說謊的原因嗎？」	「居然不老實說，你學壞了！」
「實話實說，爸爸才能懂你唷。」	「你小時候會騙人，長大就會放火！」

NG 30 父母將負面情緒表露無遺

飛飛：「爸爸，直排輪是不是很貴呢？」
爸爸：「都要怪我們家窮！才會買不起！」

錯誤示範小故事

飛飛是個善解人意的孩子，他知道爸爸上班是辛苦的，極少要求買禮物。有一天，飛飛興奮地跑回家，說道：「爸爸！你猜猜看，我剛剛在公園看到什麼？」爸爸想了一下，便笑道：「我猜不到，飛飛講來聽聽吧！」

「公園裡面有一群小孩在玩直排輪！咻咻咻地，就像西遊記裡面的孫悟空，乘坐觔斗雲一樣呢！也像三太子哪吒的風火輪！一下子在這裡，一下子又滑到那裡，超酷的！」飛飛描述時眼睛閃閃發亮，已分不清是崇拜還是憧憬。

「飛飛也很想玩直排輪？」爸爸驚訝地說，好難得兒子會主動開口。

「嗯，是滿想嘗試看看的。」飛飛害羞的點了點頭。

「那麼，玩直排輪，要花多少錢呢？」

「直排輪大概是一千多，不過，如果要找教練上課，就要幾萬元了……」幾萬元對小朋友來說就像是天文數字，飛飛聲音越來越小，彷彿是蚊子在叫。

爸爸先是愣了幾秒不說話，突然間嘆息道：「唉！都怪我沒本事、能力差，比不上別人家的爸爸，缺錢，不能讓飛飛玩直排輪！」臉上露出痛苦的表情。

本來就很尷尬的氣氛，因為爸爸的一句話而加倍凝固了。

教育一點訣

決不要在孩子前面貶低自己

擁有體貼孩子是父母的福氣，但孩子太懂事也會讓父母覺得壓力大。就像案例中的爸爸，多麼想滿足兒子心願，無奈財力有限，直排輪的學費，並不是他們家庭所能承受得起，不是目前能夠負擔的。面對這樣一位無助的父親，他誠實吐露心聲錯了嗎？

答案是肯定的，「都怪我沒本事、能力差」這類型的負面話語，雖然是抨擊自己，並不是針對孩子，但它卻是一句很有殺傷力的話。因為它直接扼殺了孩子的夢想！

負面陳述害孩子不敢作夢

兒童時期正是培養他們興趣愛好的重要階段，而這些愛好也將可能是鋪就他們成功之路的基礎。案例中的爸爸，若沒說出這種令人喪氣的話，也許飛飛以後將是一位傑出的直排輪好手，但是他的嗜好卻在這次談話中從此被壓抑。

一位懂得理解父母的孩子，看見他們的為難臉色，孩子下次還敢在父母面前要求什麼嗎？恐怕很難。像飛飛這樣善解人意，想必發覺自己的渴望會造成父親的痛苦與自卑，我們可以想像，他再也不敢提出任何會增加家庭花費的活動了。即便他內心深處對於直排輪有多大的熱情，也會因為爸爸曾經說過的那句話而打退堂鼓。

在此列舉一則故事，以供全天下父母作為警惕。在慕尼黑有一位頗有名氣的法官，大家都稱他為「冷血法官維勒」。他的前程原本是一片輝煌，然而，在某次小小的失誤之後，他的父母時常傳遞負面、消極的話語給維勒，使維勒漸漸封閉起心靈，對自己沒有信心，維勒變得意志消沉。他的朋友們常勸他，期望他能振作起來，並對他的未來做了各種設想，但是他卻認為，自己犯下的錯無法彌補，徹底斷送未來。為什麼維勒對夢想不敢進行任何奢求呢？他之所以有這些負面想法，都是因為家庭環境所造成的。

對孩子而言，不再擁有夢想，那是多麼可怕的一件事！若爸媽經常讓孩子意識到，願望不被滿足，父母會內疚萬分，久而久之，孩子乾脆什麼都不提，放棄各種自我進修與培養技能的機會。原本是一位具有潛質的孩子，也許終其一生就變得平凡無用！

該讓孩子對家庭經濟瞭若指掌嗎？

那麼，家計有限的父母，面對孩子的渴望與要求，又該如何做出回應呢？筆者建議，父母們其實不需要把家庭的財政狀況完整告訴孩子，雖然那是事實，也需要孩子們的理解，但是可以透過委婉的方式來表達。爸媽千萬不要把自卑感同時傳達給孩子，因為父母是孩子們心中的偶像，這個形象將支持著孩子的成長。他們會自覺或無意識地學習偶像的觀念或習慣，一旦讓他們聽到偶像對自己這麼沒自信，也會讓他們感到灰心喪志的。自信、樂觀的父母，其積極向上的氛圍才能感染孩子，使其對未來充滿信心。

「夢想並不會傷害任何人，
只要一個人持續的在夢想背後努力，盡他所能讓夢想實現。」

美國　法蘭克・伍爾沃斯

正確翻轉小故事

飛飛從小是個善解人意的貼心孩子，他知道爸爸上班是辛苦的，極少要求買任何禮物。有一天，飛飛興奮地跑回家，說道：「爸爸！你猜猜看，我剛剛在公園看到什麼了？」

爸爸想了一下，便笑道：「我猜不到，飛飛講來聽聽吧！」

「公園裡面有一群小孩在玩直排輪！咻咻咻地，就像西遊記裡面的孫悟空，乘坐觔斗雲一樣呢！也像三太子哪吒的風火輪！一下子在這裡，一下子又滑到那裡，超酷的！」

飛飛描述時眼睛閃閃發亮，已分不清是崇拜還是憧憬。

專家Point！

- 別一天到晚將窮掛在嘴巴上。
- 孩子無須承擔太多經濟壓力。
- 自卑的父母養不出自信小孩。
- 金錢負擔不起，委婉表達即可。

「飛飛也很想玩直排輪？」爸爸驚訝地說，好難得兒子會主動開這個口。

「嗯，是滿想嘗試看看的。」飛飛害羞的點了點頭。

「那麼，玩直排輪，要花多少錢呢？」

「直排輪大概是一千多，不過，如果要找教練上課，就要幾萬元了……」幾萬元對小朋友來說就像是天文數字，飛飛聲音越來越小，彷彿是蚊子在叫。

爸爸說：「飛飛要是可以學會直排輪，那是多麼開心的事情啊！爸爸也可以在旁邊看你溜，一想到那個畫面，是不是很吸引人呢！」臉上充滿期待。

「飛飛，雖然學直排輪不是一筆小數目，爸爸無法立即拿出如此多錢，但是，我們可以先買直排輪，讓飛飛在公園裡自己練習，然後我們擬一個存錢計劃，等錢夠了，我們再去報名相關課程，這是不是一個好辦法呢？你願意等嗎？」

飛飛滿懷感激地看著爸爸，接著，父子兩共同討論如何運用存款為飛飛購入直排輪，以及每個月存下多少錢，多久之後可以開始去上課，當然這不是立即的，但卻是一個希望，日子再長遠，夢想畢竟在那兒，不是嗎？

好好說進寶貝心坎裡的話	孩子最討厭聽爸媽說的話
「目前，這東西對我來說有點貴，但是……」	「太貴了，我們家買不起！」
「花錢有所節制，是好習慣唷。」	「爸爸媽媽就是比人家還要更窮！」
「我們一起想看看如何存錢呢？」	「都怪爸爸沒有用，錢賺太少！」
「寶貝，節儉些可保存福氣唷。」	「你知道我們家負債累累的嗎？」

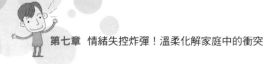

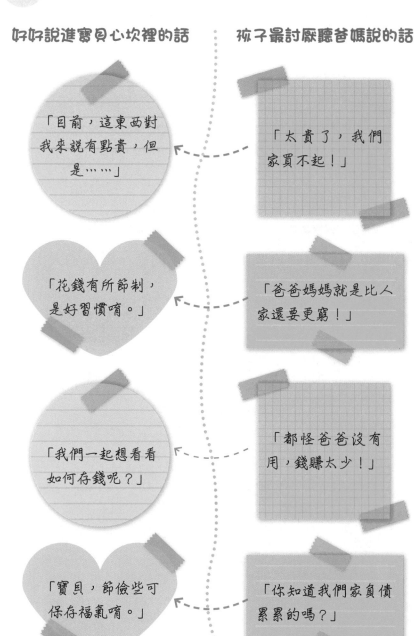

國家圖書館出版品預行編目資料

教養NG口頭禪！這些話爸媽不該說 / 米加老師（黃名璽）著. -- 初版. -- 新北市中和區：活泉書坊出版采舍國際有限公司發行，2016.08　面；　公分

ISBN 978-986-271-706-6（平裝）

1. 親職教育　2. 親子關係

528.2　　105011481

活泉書坊

教養NG口頭禪！
這些話爸媽不該說

出 版 者 ■ 活泉書坊
作　　者 ■ 米加老師（黃名璽）
總 編 輯 ■ 歐綾纖
文字編輯 ■ 蕭珮芸
美術設計 ■ 蔡億盈

郵撥帳號 ■ 50017206 采舍國際有限公司（郵撥購買，請另付一成郵資）
台灣出版中心 ■ 新北市中和區中山路 2 段 366 巷 10 號 10 樓
電　　話 ■（02）2248-7896　　傳　　真 ■（02）2248-7758
物流中心 ■ 新北市中和區中山路 2 段 366 巷 10 號 3 樓
電　　話 ■（02）8245-8786　　傳　　真 ■（02）8245-8718
I S B N ■ 978-986-271-706-6
出版日期 ■ 2016 年 8 月

全球華文市場總代理／采舍國際
地　　址 ■ 新北市中和區中山路 2 段 366 巷 10 號 3 樓
電　　話 ■（02）8245-8786　　傳　　真 ■（02）8245-8718

新絲路網路書店
地　　址 ■ 新北市中和區中山路 2 段 366 巷 10 號 10 樓
網　　址 ■ www.silkbook.com
電　　話 ■（02）8245-9896　　傳　　真 ■（02）8245-8819

本書全程採減碳印製流程並使用優質中性紙（Acid & Alkali Free）最符環保需求。